발간등록번호 : 11-1550110-000011-01

# 되살아나는 고대문서
## 칠지문서가 전해준 고대의 세계

히라카와 미나미 平川 南 지음
국립나주문화재연구소 엮음

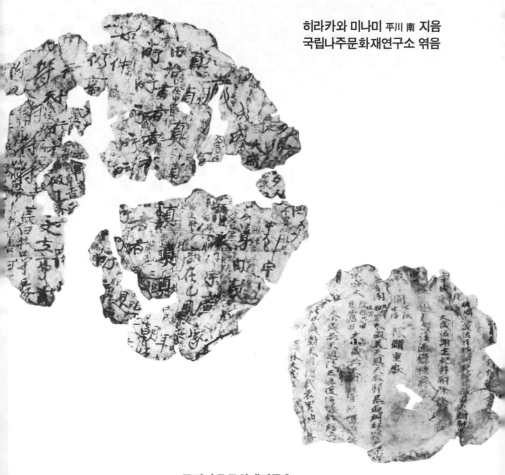

국립나주문화재연구소

주류성출판사

지은이 | 히라카와 미나미平川 南
엮은이 | 국립나주문화재연구소
펴낸이 | 최병식
펴낸날 | 2010년 11월 30일
펴낸곳 | 주류성출판사
　　　　서울시 서초구 서초동 1308-25번지 강남오피스텔 1309호
　　　　전화 | 02-3481-1024 / 전송 | 02-3482-0656
　　　　www.juluesung.co.kr
　　　　e-mail | www.juluesung@yahoo.co.kr

책 값 | 14,000원
ISBN　978-89-6246-049-0　93900

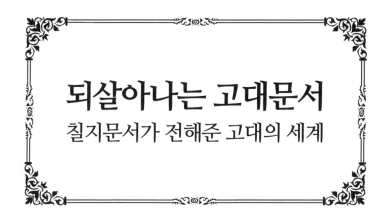

# 되살아나는 고대문서
## 칠지문서가 전해준 고대의 세계

히라카와 미나미平川 南 지음

# 목 차

# 發 刊 辭

고대 역사의 실마리를 풀어갈 수 있는 자료로 문자를 꼽을 수 있습니다. 역사서가 남아있다면 더할 나위 없이 좋겠지만, 제한된 자료만이 잔존하는 고대의 역사를 밝히기 위해서는 끊임없는 관심과 지속적인 연구가 필요합니다. 이러한 문제를 조금이나마 해소시켜주는 것이 바로 문자가 기록되어 있는 유물일 것입니다. 문자가 기록된 유물의 발견은 지하에 묻힌 고대사의 타임캡슐을 발견한 것과도 같습니다.

나주 복암리유적에서 발견된 백제 목간은 그러한 점에서 고고학계는 물론이고 고대사학계의 주목을 받고 있습니다. 목간은 고대에 쓰여진 문서로 종이로 남겨진 역사만큼이나 풍부한 내용을 담고 있습니다. 복암리 목간은 다양한 형태와 내용이 기록되어 있습니다. 국내 最大·最長 木簡, 最初의 封緘木簡, 百濟史 최초의 村落名의 등장과 村落文書의 발견, 백제 土地耕作의 형태(水田, 畠田麥田)와 토지 단위(形) 및 단위당 소출량, 지방에서 처음으로 확인된 관등명이 묵서된 목간 등은 목간 연구의 증진은 물론이고, 韓國古代史 硏究에 있어서 획기적 자료를 제공할 수 있게 되었습니다. 특히 복암리 목간은 일본

의 문자문화에 영향을 끼쳐 당시 백제인들의 문화수준이 상당했음을
알 수 있습니다.

목간과 함께 일본에서 발견되는 칠지문서는 당시의 역사와 문화를
담고 있어 중요한 유물로 평가됩니다. 아직까지 우리나라에서 출토된
예는 없지만, 꼭 발견되기를 바라는 마음으로 책자 번역과 발간을 기
획했습니다. 아무쪼록 우리의 고대사에 한걸음 더 다가갈 수 있는 칠
지문서의 발굴을 기대합니다.

끝으로 저자이신 平川 南 관장님을 비롯하여, 번역과 감수 등을
맡아주신 여러 선생님들께 감사드립니다.

2010년 11월

연  웅 (국립나주문화재연구소장)

## 「よみがえる古代文書」 한국어판에 붙이는 저자 서문

　　칠지문서는 고대일본에서 동북東北지방을 지배하는 행정·군사의 중심이었던 다하성多賀城 유적이 있는 궁성현 다하성시宮城縣 多賀城市에서 1978년을 시작으로하여 발견되었다. 그 후 전국 각지의 유적에서 칠지문서가 속속 출토되고 있다. 그 칠지문서 중에는 '百濟王敬福'(다하성), '百濟王三忠'(추전성) 등 백제에서 도래한 '百濟王' 일족의 이름을 기록한 문서도 있다. '百濟王敬福'은 백제의 성명왕으로부터 5대째에 해당하며, 성무천황聖武天皇에 중용되어 육오수陸奧守로서 749년에 동대사대불東大寺大佛 도금을 위해 육오국에서 산출한 황금 700兩을 헌상한 것으로 유명한 인물이다. 또한 다른 칠지문서에 의해 8세기 후반의 고대일본 인구(국가장악인구)를 540~590만인이라고 추정하여 계산할 수 있었다. 최근 한국 내에서 출토된 6~7세기 목간에는 명백하게 호적을 발췌한 것 같은 내용으로 기록된 札이 확인되었다. 이에 종이에 적힌 호적의 발견이 기다려진다. 칠지문서는 고대사연구에 무한한 가능성을 부여해주는 자료이다.

　　칠지문서와 함께 고대의 출토문자자료인 목간의 경우는 우물, 도랑, 연못과 저습지 등 천년 이상 항상 물에 잠겨 있는 유구에서만 출토된다. 발굴조사 담당자는 이러한 유구와 맞닥뜨리면 목기와 목간 등의 검출을 어느 정도 예측하여 조사에 임한다. 한편, 칠지문서는 저습지나 고조지高燥地 등 모든 조건하에서 남아있는 이점이 있지만, 조사할 경우 출토될 가능성을 예측하기는 곤란하다. 또한 지면에 붙어 펼쳐져 있는 상태의 경우에는 흙과 같은 색이기 때문에 유물로서 인식하기 어려운 점도 있다. 한국의 고고학자도 발굴할 때에 세심한 주의를 기울여 칠지문서가 검출되는 날을 기대한다.

고대에 칠을 다양한 곳에 사용해 왔다라고 생각되는 한국에서도 고대 호적 등의 여러 장부와 달력, 편지, 토지매매문서 등 고대 종이에 적힌 문서가 칠의 힘에 의해서 한국 내 각지의 땅속에 다수 묻혀있을 것이다.

고대사의 새로운 한 페이지를 장악할 칠지문서가 발견되는 것을 즐거운 마음으로 기다리겠다.

본서 한국판 간행을 기획하고 번역도 담당해 주신 김성범(前 國立羅州文化財研究所長, 現 國立中原文化財研究所長)을 비롯하여 본서 간행에 노력을 아끼지 않으신 연구소 관계자 분들에게도 감사를 드린다.

2010년 10월

히라카와 미나미 (일본 국립역사민속박물관장)

# 「よみがえる古代文書」韓国版

　漆紙文書は古代日本における東北地方を支配する行政・軍事の中心であった多賀城の遺跡(宮城県多賀城市)から一九七八年にはじめて発見された。その後全国各地の遺跡から漆紙文書がつぎつぎと出土している。その漆紙文書の中には、「百済王敬福」(多賀城跡)、「百済王三忠」(秋田城)と、百済から渡来した「百済王」一族の名前を記した文書もあった。「百済王敬福」は、百済の聖明王から五代目にあたり、聖武天皇に重用され、陸奥守として七四九年に東大寺大仏鍍金のために陸奥国から産出した黄金九〇〇両を献上したことで有名な人物である。また一点の漆紙文書から、八世紀後半の古代日本の人口(国家掌握人口)を五四〇～五九〇万人と推計できた。近年、韓国内で出土する六世紀～七世紀の木簡には明らかに戸籍の抜書きのような内容を記した札が確認できる。紙に書かれた戸籍の発見が待ちどおしい。漆紙文書は古代史研究に無限の可能性をもたらす資料である。

　漆紙文書とならぶ古代の出土文字資料である木簡の場合は、井戸・溝・池や低湿地など千年以上、常に水を湛えた遺構からのみ出

土する。発掘調査担当者はそうした遺構にあたると木器や木簡など
の検出をある程度予測して調査に臨むことができる。一方、漆紙文
書は、低湿地でも高燥地でもあらゆる条件下で遺存するのが利点で
あるが、調査する場合、出土する可能性の予測を困難にする。ま
た、地面に張り付いた状態の場合、土と同色なだけに遺物として認
識しにくいことも難点である。韓国の考古学者にも、発掘で細心の
注意のもとに漆紙文書が検出されることを期待したい。

　古代から漆を多様な場で使用してきたと考えられる韓国におい
ても、古代朝鮮の戸籍などの諸帳簿や暦、手紙、土地売買証文な
ど、古代の紙に書かれた文書が漆の力によって韓国内各地の地中
に数多く埋もれているであろう。

　古代史の新たな一ページを飾る漆紙文書が発見されるのを楽し
みに待ちたいと思う。

　本書の韓国における刊行を計画し、自ら翻訳も担当してくださ
った金聖範(前 国立羅州文化財研究所長、現 国立中原文化財研究
所長)はじめ、本書刊行にご尽力下さった研究所の関係者の方々に
御礼申し上げます。

2010年 10月

平川 南 (國立歷史民俗博物館)

# 추천하는 글

　지금부터 40년 전까지만 해도 일본에서는 나라시대奈良時代 이전의 고대 고문서라고 하면 1200년간 동대사 정창원東大寺 正倉院에 전래된 소위 정창원문서正倉院文書 이외에는 없다고 생각되어 왔다. 그런데 1961년에 평성궁平城宮에서 목간이 출토되고, 1970년대에 다하성多賀城에서 칠지문서漆紙文書가 발견된 이후 정창원문서 이외에 목간과 칠지문서가 존재한다는 것이 학계에 널리 알려졌다.

　종이나 나무는 땅 속에 묻히면 보통 썩어 없어져 버린다. 하지만, 옻칠공방에서 옻칠 용기 덮개 종이로 사용되는 휴지는 옻칠의 코팅으로 썩지 않아 남고, 그리고 종이 문서의 보조 수단으로 이용된 목간은 폐기되어 흙 속에 묻힐 경우 땅 속의 수분으로 인해 남는 경우가 있다. 이런 사정이 밝혀진 이후 고대 일본의 종이나 나무에 남긴 문서자료는 비약적으로 늘어났고, 고고학과 문헌학의 공동연구라는 새로운 학문적 지평이 한숨에 확대되었다.

　목간에 대해서는 한국에서도 1975년에 안압지목간이 출토되어 경주나 부여를 비롯한 각지에서 목간 출토가 보고되어 있다. 다만 본격적인 목간연구가 시작된 것은 국립창원문화재연구소(현 국립가야문

화재연구소)가 『한국의 고대목간』을 2004년에 발간하여 출토 목간의 현황을 전체적으로 파악할 수 있게 된 이후였다. 그 후 한국목간학회가 2007년에 창설되는 등 한국고대사연구에 목간이 가지는 사료적 가치는 역사학계에서도 널리 인정되어 한국에서의 목간연구는 급격한 진전을 보이게 되었다. 이러한 연구의 진전은 목간에 대한 인식을 높여 목간의 새로운 발견으로도 이어져 있다.

한편 종이 문서에 대해서는 한국 국내의 경우 일본의 정창원문서와 같은 형식으로 남아있는 자료는 전무하며 겨우 일본의 정창원에 신라 문물과 함께 전래된 고문서(신라촌락문서, 좌파리가반부속문서) 2점이 남아 있을 뿐이다. 백제에서도 종이문서가 목간과 함께 용도별로 사용되었다는 것은 최근에 종이 문서의 INDEX로 사용된 제첨축이 부여 쌍북리에서 발견됨으로서 밝혀졌다. 고구려를 포함하여 한반도에 전개된 고대국가에서 종이 문서를 많이 사용한 것은 틀림없다. 일본에서 칠지문서로 발견된 고대문서의 대부분은 호적·계장과 달력이며, 호적·계장은 고대국가 개별인신지배個別人身支配의 상징이며, 달력은 왕권 시간지배의 상징이라고 할 수 있다. 이 두 가지 문서가 일본열도 각지에서 발견되어 있다는 사실에 의해 고대국가의 지배 본질을 간취할 수 있다. 따라서 이런 문서가 한국에서 발견될 가능성은 충분히 있다.

본서 저자인 히라카와 미나미 씨는 한국 학계에서도 목간 연구의 권위자로 알려져 있는데 다하성에서 칠지문서가 발견된 이래 이 분야 연구의 제일인자로 연구를 견인해 오셨다. 본서에서는 히라카와 씨 자신의 선구적인 연구 성과에 바탕을 두고 호적·계장과 달력 이외에도 『고문효경古文孝經』 등 교과서나 병사 명부, 결근부 등 고대 학제 및 병제와 관련되는 칠지문서의 조사와 체험을 섞으면서 실감나게 소개하셨다.

히라카와 씨는 1997년 이래 매년처럼 한국을 방문하여 목간이 출토된 유적을 답사하면서 한국출토 목간 조사에도 종사해 오셨다. 이런 과정에서 한국에도 반드시 칠지문서가 발견될 것이라고 지적해 오셨다. 한국 고대 산성이 공방을 가지는 관아로서의 기능이 있었다는 것이 밝혀졌고 또한 한국목간연구의 심화가 그 근거가 되고 있다.

일본 다하성에서 처음으로 발견된 칠지문서는 발견된 당초에는 알 수 없는 '가죽제품'으로 간주되었다. 이 '가죽제품'이 칠지문서로 인정될 때까지 실로 8년의 세월이 필요했다. 그래서 목간처럼 그 이전에는 칠지문서가 발굴되어 있으면서도 장기간에 걸쳐 폐기되었다는 셈이다. 하지만 지금의 칠지문서는 귀중한 고대 정보가 보존되어 있는 "지하의 정창원문서"로까지 일컬어진다.

고대일본의 칠지문서가 남게 된 배경에는 옻칠이 극히 섬세한 물질이라는 속성에 있다. 옻칠을 바르는 물체 표면에 손때나 지문, 침이 묻으면 그 부분만이 제대로 마르지 않는다. 그래서 옻칠 작업에서는 항상 옻칠을 양호한 상태로 유지하기 위한 종이를 옻칠액 표면에 밀착시켜야 한다. 이 덮개 종이는 옻칠 작업을 할 때 폐기된다. 폐기된 덮개 종이는 옻칠이 스며들어 코팅되어 옻칠의 힘으로 지하에서도 부식되지 않는다. 이런 옻칠이 가지는 강인한 힘이 천 수 백년의 시간을 넘어 종이를 땅 속에 남도록 한 것이다.

그런데 옻칠문서는 원형으로 출토된다. 당시 일본의 옻칠 원액 용기는 마게모노(곡물曲物)라고 하는 노송나무의 얇은 판자로 만든 원통형 제품이었기 때문이며 휴지에 쓰인 글자도 원형으로 잘라낸 것 같은 상태로 남는다. 이런 형태로 남은 문서는 많은 경우 관아 공문서를 이용했다. 당시에는 종이가 귀중품이었기 때문이다. 고대 일본의 종이 값은 사경용寫經用 종이 한 장이 당시 인부 하루 임금의 5분의 1, 보통 종이는 10분의 1이었다고 한다. 이런 사실을 염두에 두면 칠지문서가 왜 일본열도 각지에서 발견되는지 이해가 깊어질 것이다.

일본에서는 목간이나 칠지문서 발견과 그 연구로 인하여 이들 자료가 비약적으로 늘어났고, 고고학과 문헌학의 공동연구라는 새로운 학문적 지평을 넓혔다는 것은 이미 말했다. 본서에서 저자가 강조하는 것처럼 오늘날 역사학 연구는 고고학을 비롯한 인접 여러 과학과의 협업에 기초한 다양한 연구방법을 이용하여, 종래 문헌사료 뿐만 아니라 고고 · 민속 · 문학 등 여러 분야 자료를 유기적으로 관련시켜 역사상을 그려 나가야 한다. 특히 문헌사료에 한계가 있는 한국에서는 고고학과 문헌학의 협동이 절실히 요구된다.

앞서 서술한 대로 학술적인 의의와 가치를 가진 본서를 한국에 번역출판을 권해주신 분은 국립나주문화재연구소장 김성범소장(현, 국립중원문화재연구소장)이다. 김성범소장은 한국 최초의 본격적인 지방목간인 복암리목간 발굴조사에 종사하면서 고대 일본의 출토문자자료와의 비교연구에 착수하였다. 또한 그 과정에서 목간 뿐만 아니라 일본 칠지문서의 자료적인 가치에 대한 인식을 깊게 하여, 한국에서 대비할 필요성을 우리에게 설득하였다. 이러한 김성범 소장의 연구에 대한 열정이 없이 본서 간행은 이루어질 수 없었다고 해도 과언이 아니다. 본서 간행의 경위를 기록하여, 김성범소장 및 본서 간행에 노력해주신 국립나주문화재연구소 관계자 여러분에게 감사드리고 싶다.

본서 내용을 한 명이라도 많은 고고학자, 문헌학자가 공유해서, 원컨대 칠지문서라는 새로운 자료 발견에 이어져 한국고대사 연구가 새롭게 전개될 것을 크게 기대한다.

2010월 10월

이 성 시 (일본 와세다대학교 문학학술원 교수)

# 推薦の言葉

　今から40数年前まで、日本では奈良時代以前の古代の古文書といえば、1200年間、東大寺正倉院に伝来してきた所謂正倉院文書以外にはないと長く信じられてきた。ところが、1961年に平城宮で木簡が出土し、1970年代に多賀城で漆紙文書が見つかって以来、正倉院文書以外に木簡と漆紙文書とが存在することが学界に知られるようになった。

　紙や木は土中に埋もれると、通常ならば腐って消滅する。しかし、漆工房では、漆容器の蓋紙に使用される反故紙は、漆のコーティングによって腐らずに残り、また紙文書の補助手段として用いられた木簡は、廃棄され泥中に埋まった後に、地中の水分によって残存することがある。このような事情が判明して以来、古代日本の紙や木に記された文書資料は飛躍的に増大し、考古学と文献学との共同研究という新たな学問的地平が一気に広がることになった。

　木簡については、韓国でも、1975年に雁鴨池木簡が出土し、慶州や扶余を始めとする各地で木簡の出土が伝えられるようになっ

た。ただ本格的な木簡研究が始まったのは、国立昌原文化財研究所(現、国立加耶文化財研究所)から『韓国の古代木簡』が2004年に刊行されて、出土木簡の現況が全体的に把握できるようになってからであった。しかし、その後、韓国木簡学会が2007年に創設されるなど、韓国古代史研究にとって木簡がもつ史料的価値は、歴史学界でも広く認知されるようになり、韓国における木簡研究は急激な進展を見せるようになった。そうした研究の進展は、木簡に対する認識を高め、木簡の新たな発見にもつながっている。

　一方、紙の文書については、韓国国内では日本の正倉院文書のような形式で伝えられてきた資料は皆無であり、わずかに日本の正倉院に、新羅の文物と共にもたらされた古文書(新羅村落文書、佐波理加盤付属文書)の二点が伝わるだけである。百済でも紙の文書が木簡と共に用途別に用いられたことは、最近、紙文書のインデックスとして用いられた題籤軸が扶余双北里で発見されたことによって明らかになっている。高句麗を含め、韓半島で展開した古代国家で紙の文書が多く用いられていたことは間違いない。日本で漆紙文書として発見された古代文書の大半は、戸籍・計張と暦であるが、戸籍は古代国家の個別人身支配の象徴であり、暦は王権による時間支配の象徴といえるだろう。この二つの文書が日

本列島の各地から発見されているという事実にこそ、古代国家の支配の本質を見て取ることができる。したがって、このような文書の韓国における発見は十分に可能性がある。

　本書の筆者である平川南氏は、韓国の学界においても木簡研究の権威として知られているが、多賀城での発見以来、漆紙文書解読の第一人者として、この分野の研究を牽引されてきた。本書では、平川氏ご自身の先駆的な研究成果に基づき、戸籍・計張と暦以外にも、「古文孝経」などの教科書や兵士の名簿、欠勤簿などの古代の学制、兵制に関わる漆紙文書を調査の体験を織り交ぜながら臨場感をもって紹介されている。

　平川氏は、1997年以来、毎年のように韓国を訪れ、木簡の出土地を踏査しながら韓国出土木簡の調査にも従事されてきた。それらの過程で、韓国でも必ず漆紙文書が発見されると指摘してこられた。韓国古代の山城が工房を備えた役所としての機能を備えていたことが明らかにされつつあり、さらに韓国木簡研究の深化がそのような根拠となっている。

　日本の多賀城で最初に発見された漆紙文書は、発見当初、不可解な遺物として「革製品」とみられてきた。この「革製品」が漆紙文書と認定されるまで、実に8年の歳月を要している。それゆえ、木

簡と同様に、それ以前には漆紙文書が発掘されていながらも、長期間にわたって棄てられていたことになる。しかし漆紙文書は、いまや貴重な古代の情報が保存された「地下の正倉院文書」とすら言われている。

　古代日本の漆紙文書が残された背景には、漆が極めてデリケートな物質であるという属性にある。漆を塗る物体の面に手垢や指紋、唾などが付いた部分だけが正常には乾かない。それゆえ漆塗りの作業では、常に漆を良好な状態に保つために、紙を漆液の表面に密着させて蓋をしなければならない。この蓋紙は、塗り作業の時は、はずされて棄てられる。棄てられた蓋紙は漆がしみこみコーティングされて、漆の力によって地下にあっても腐食することはない。こうした漆のもつ強靭な力が千数百年の時代を超えて紙を地中に残し続けてきたのである。

　ところで、漆紙文書は円形で出土する。当時の日本には、桶がなく、漆の原液の容器は曲げ物と称するヒノキの薄板で作った円筒形の製品であったからであり、反故紙に書かれた文字も円形に切り抜いたかのような状態で伝存する。こうした形で残る文書は、多くの場合、役所の公文書を利用した。当時の紙は貴重品であったからである。古代日本の紙の値段は、写経用の紙一枚は当

時の人夫一日の賃金の五分の一、普通の紙は、十分の一であったという。こうした事実を念頭に置けば、漆紙文書がなぜ、日本列島の各地から発見されるのか理解が深まるはずである。

日本においては木簡や漆紙文書の発見とその研究によって、これらの資料の飛躍的な増大をもたらし、考古学と文献学との共同研究という新たな学問的地平を広げたことをすでに記した。本書で筆者が強調するように、いまや歴史学研究は考古学をはじめとする隣接諸科学との協業にもとづく多様な研究方法を用い、従来の文献史料だけでなく、考古・民族・文学など様々な分野の資料を有機的に関連させて、歴史の諸相を描いていかなければならない。とりわけ文献史料に限界がある韓国においては、考古学と文献学の協働が切実に求められる。

上記のような学術的な意義と価値を有する本書を、韓国において翻訳出版を勧めて下さったのは国立羅州文化財研究所の金聖範所長(現、国立中原文化財研究所長)である。金聖範所長は、韓国で初めての本格的な地方木簡である伏岩里木簡の発掘調査に携わりながら、古代日本の出土文字資料との比較研究に着手されると共に、その過程で木簡のみならず、日本における漆紙文書の資料的な価値について認識を深められ、韓国における対備の必要性を

私たちに説かれた。こうした金聖範所長の研究に対する情熱なく
して本書の刊行はなかったと言っても過言でない。本書刊行の経
緯を記し、金聖範所長および本書刊行に尽力された国立羅州文化
財研究所の関係者の皆さんにお礼申し上げたい。

　本書の内容が一人でも多くの考古学者、文献学者に共有され、
願わくは漆紙文書という新たな資料の発見に繋がることによっ
て、韓国古代史研究に新たな展開をもたらして下さることを大い
に期待したい。


2010年 10月

李 成 市 (早稲田大学文学学術院)

## 사진·도판제공

宮城縣多賀城跡調査研究所(서장 표지, 서장-2·3·4, Ⅴ-6·7·8)
宮城縣多賀城市埋藏文化財調査센터(Ⅱ-2)
岩手縣水澤市敎育委員會(Ⅲ장 표지, Ⅲ-1, Ⅴ-2)
山形縣米澤市敎育委員會(Ⅲ-3)
府中病院內遺跡調査會(Ⅲ-5)
埼玉県所澤市敎育委員會(Ⅳ-3)
秋田縣秋田市敎育委員會(Ⅳ-1, Ⅴ장 표지)
宮內廳正倉院事務所(Ⅳ-2)
茨城縣敎育財團(Ⅵ-3)
茨城縣石岡市敎育委員會(Ⅵ-8)

戸水C遺跡

秋田城跡

胆沢城跡

平城京跡

多賀城跡・山王遺跡

下窪遺跡

大浦B遺跡

鹿の子C遺跡

下野国府跡

東の上遺跡

武蔵台遺跡

서 장

땅 속에 묻혀 있는 정보

- 칠지문서 발견 전말기 -

# 옻의 강인함이 가져다 준 복음

옻은 매우 섬세한 물질이다. 옻을 바른 물체 표면에 손때나 지문이 묻는 것은 물론이며 기침을 해서 작은 침이 튀는 경우에도 그 위에 옻을 바르면 손때 · 지문 · 침 등이 묻은 부분만 제대로 마르지 않는다. 외관이 아무리 깨끗하다고 해도 민감하게 알아버리는 것이다. 그러나 막상 마르게 되면 그 무엇이라고 해도 끄떡없는 강인함을 발휘한다. 칠 공예가인 마쓰다松田權六 씨의 말에 의하면 그것은 옻이 '생물'이기 때문이다. 흙탕물 속에 2,000년이나 잠겨있더라도 옻칠 막 표면의 굳음과 전기에 대한 절연성은 전혀 변하지 않는다고 한다(松田權六『うるしの話 옻칠 이야기』).

이 강인함이 오래된 것은 약 6,000년 전에 이르는 죠몬시대繩文時代 유적에 많은 수의 칠기를 남게 하였다. 그리고 이 옻의 힘이 고대 문서를 지하에 보존시켜서 고대사 연구자에게 복음을 가져다 줄 것을 대체 누가 상상이나 했겠는가. 예로부터 고온다습한 일본의 기후에서는 $^{*}$정창

---

• **정창원문서正倉院文書:** 나량현奈良縣 동대사東大寺 정창원正倉院에 전래된 문서군의 총칭. 동대사 사경소寫經所가 담당한 사경 사업에 관한 문서나 장부를 중심으로 해서 사경소의 조직이나 재정, 나라시대 불교의 구체적인 양상을 알 수 있다. 또한 불필요하게 된 호적 · 계장計帳 · 정세장正稅帳을 비롯한 율령 공문서를 재이용했기 때문에 이들 지배문서紙背文書는 나라시대 사회경제 실태를 전하는 제일급 사료가 되어 있다.

원문서正倉院文書와 같이 창고 속에서 양호하게 보존되어 온 것은 별도로 하더라도 문서를 오래토록 전래하는 것은 어렵다. 하물며 중국의 건조지대에서 종종 볼 수 있는 것과 같이 지하에서 발견된 문서는 일본에서는 바랄 수도 없는 것이었다. 칠지문서는 이 '상식'을 무너뜨린 것이다. 본론에서 상세하게 서술될 바와 같이 고대의 호적과 달력, 게다가 병사의 결근신고 등 상상조차 못했던 귀중한 문서들이 지하에서 잇따라 발견되고 있다. 그 최초 발견의 무대가 된 곳은 *다하성多賀城이었다.

## 이해할 수 없는 '가죽제품'의 발견

일본 고대, 중앙정부의 동북지방 일대 지배의 거점이었던 곳이 다하성(현재, 궁성현 다하성시宮城縣 多賀城市)이다. 육오국陸奧國의 국부國府이면서 군사거점으로서의 *진수부鎭守府가 두어졌다(진수부는 뒤에 *담택성胆澤城으로 옮겨졌다). 선대평야仙台平野의 동북 끝에 위치

---

• **다하성多賀城**: 궁성현宮城縣 다하성시多賀城市에 있는 일본의 대표적인 고대 성책. 724년에 육오국부陸奧國府와 진수부鎭守府가 설치되었다.
• **진수부鎭守府**: 동북지방 하이蝦夷를 정토하기 위해 육오국에 설치된 군정부.

하고 해협 20~50m의 구릉 선단부를 차지하고 있다. 현재 판명된 다하성 유적은 약 900m 사방의 부정방형으로 외곽선이 둘러져 있고 그 중앙부에는 동서 100m, 남북 120m의 토담으로 둘러싸인 정청政廳 지구가 있다.

나는 1969년에 막 창설된 궁성현 다하성지 조사연구소의 일원으로 들어가 발굴조사에 종사하였다. 1970년 여름 정청 서남부 발굴조사에서 어려운 상황에 직면하게 되었다. 조사지역 일대에 대규모 구덩이들이 있고 복잡하게 중첩되어 있었다. 『속일본기續日本紀』에 의하면, 보구寶龜 11年(780) 하이蝦夷의 반란으로 다하성이 소실되었다. 복원작업은 급하게 진행되었던 것 같았고, 아무래도 이 구덩이는, 탄 기와와 토기 등을 던져 넣어서 버리기 위해 닥치는 대로 팠던 것 같았다.

이 구덩이 하나에서 연일 가물었던 날씨로 인하여 지면에 달라붙어 있는 가죽과 같은 유물이 발견되었다. 솔로 조심스레 흙을 제거해 보니 사방 30㎝ 이상이었다. 모두들 다 '무엇일까?'라고 고개를 갸우뚱거릴 뿐이었다. 발굴조사의 진전과 함께 같은 모양의 유물이 계속해

---

- **담택성胆澤城터**: 암수현岩手縣 오주시奧州市에 있는 고대 성책 유적. 801년 판상전촌마려坂上田村麻呂가 하이蝦夷의 근거지인 담택을 제압한 다음 802년에 축성하였다.
- **속일본기續日本紀**: 헤이안시대 초기에 편찬된 칙선勅選 역사서. 육국사六國史 두 번째. 전40권. 『일본서기日本書紀』 뒤를 이어 697년부터 791년까지 문무천황文武天皇에서 환무천황桓武天皇에 이르는 95년간의 역사를 편년체로 기술하였다. 나라시대 근본 사료로 중요한 사료이다.

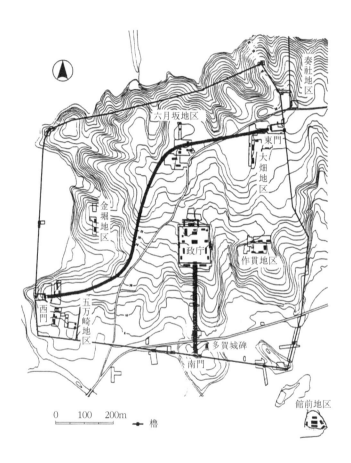

서-1. 다하성터 전도

서 출토되었다. 일단 '가죽 제품'으로 정리하기로 하고, 흙이 묻은 채
로 신중하게 들어 올려 정리 책장에 수납했다. 그리고 그 이해할 수 없
는 유물은 조립식 창고 한쪽 편에 잠든 채로 점차 잊혀 갔다.


## 계장計帳이 발견되다

1973년의 발굴조사 때 일이다. 현장에서 조사원 한명이 창백한 얼
굴로 사무소에 뛰어 들어왔다. 손에 쥐고 있던 토기[土師器]<sup>*</sup> 속에는
말굽버섯 상태의 물건이 부착되어 있었다. '무, 문자가 적혀져 있습니
다!' 건네진 토기를 바라보고 한 순간 내 눈을 믿을 수 없었다. 묵흔墨
痕이 선명하게 날카로운 필적으로 인명 그리고 연령이 열기되어 있지
않은가. 인명과 연령이 열기되어 있다고 한다면, 상기되는 것은 호적(6
년마다 작성)이거나 계장(計帳, 매년 작성하는 공민대장)이다. 그렇지
만 그것은 매우 적은 예외를 빼고, 정창원문서에만 존재한다고 생각되
어 온 것이다.

토기가 발견된 곳은 정청지구 서쪽 약 35m 지점에 있는 구덩이었

---

• 토사기土師器: 고분시대부터 헤이안시대 사이에 제작된 적갈색 토기. 일상용기로 사용되었다.

서-2. 출토된 계장

다. 토기의 구경은 약 15㎝, 문서 단간斷簡의 크기는 세로 약 9㎝, 가로 13㎝로 불과 6행 밖에 써 있지 않았다. 그러나 행을 읽어 가자 '별항別項'의 글자가 눈에 들어왔다. '별항'이라는 것은 각 호戶 말미에 호구戶口의 이동을 기입한 것으로 계장(계장역명計帳歷名)의 큰 특징이다. 이것은 확실히 계장이다. 두 개의 행운인 것이다.

그러나 불행하게도 묵흔의 보존이 좋아서 육안으로 쉽게 읽어지고 게다가 계장이라는 내용의 완벽함으로 인해 부착되어 있는 물질은 무엇인가, 또 왜 남아있는가라는 의문을 떠올릴 기회가 역으로 상실되어 버렸다. 계장을 종이 이외의 것, 가죽 등에 적을 리가 없다. 그렇기 때문에 조립식 창고에 보관되어 있는 '가죽 제품'에까지 생각이 미치지 않은 것이다. 보존과 내용의 완벽함이 이어지는 의문을 상기시키지 못하도록 한 것은 얄궂은 일이라고 할 수 밖에 없다. 그리고 조사는 다시 묵묵히 이어졌다.

## 이것은 '종이 덮개'다!

그 후 조사 중, 정청 서남부에서 발견된 '가죽 제품'과 유사한 물건이 작은 단편이었지만, 종종 출토되었다. 그리고 계장 발견으로부터 5년 후, 동료인 고고학자 구와하라桑原滋郎 씨가 고심 끝에, 이들의 단편 하나에서 '月'이라는 한 문자를 발견했다. 이것에 의해서 거우 8년 전의 '가죽 제품'과 관련이 있다는 것이 깨달아졌고, 어쩌면 거기에도 문자가 적혀있지 않았을까 하는 의문이 들었다. 그건 그렇다 하더라도 고고학을 배우는 사람들의 유물을 대하는 집념은 옆에서 봐도 무서울 뿐이다. 왜 이런 모습으로 남게 되었는지, 다음에서 다음으로 고찰을 발전시켜 간 것이다. 이렇게 해서 옻칠과 종이의 관계가 밝혀졌다.

옻칠의 불가사의한 성질의 일단은 이미 다루었다. 옻칠은 먼지와

티끌을 극도로 싫어한다. 또 급격한 건조도 피하지 않으면 안 된다. 옻칠 작업에는 옻칠을 매우 양호한 상태로 보존하기 위해서 종이를 옻칠액 표면에 밀착시켜 뚜껑으로 사용한다. 이것을 '종이덮개'라고 부른다. '종이덮개'는 칠 작업을 할 때는 벗겨서 버린다. 그러나 옻칠이 스며들어 완전히 코팅된 종이는 옻칠의 힘으로 지하에 있어도 부식되어 소멸하지 않는다. 토기에 부착되어 있던 것은 옻칠이며, '가죽 제품'으로 보인 것은 실은 이 '종이덮개'였던 것이다. 또한 1,200년 후인 현대에서도 옻칠 장인은 같은 방법으로 '종이덮개'를 사용하고 있다(Ⅱ-1 그림참조).

당시 종이는 귀중품이었다. 인부 임금이 하루 9~10文[*]이었던 것에 비해서, 경지(經紙, 사경용지寫經用紙) 1장이 2문, 범지(凡紙, 일반 종이) 1장이 1문이나 했다. 옻칠 장인이 사용하는 '종이덮개'는 대부분 관청 공문서의 휴지를 이용했다. 그 때문에 '종이덮개' 발견자체가 새로운 고대문서의 발견으로 이어진 것이다. 우리들은 이것을 **칠지문서**라고 이름 붙였다.

---

• **문文:** 나라시대에는 당의 개원통보開元通寶 동전의 영향을 받아 정부가 화동개진和銅開珎 동전을 발행하여 유통되었다.

## 해독 기술이 발달하다

물을 가득히 부은 샬레(Schale) 안에 칠지문서를 넣어 현미경용의 강한 빛을 쏘면 연달아 문자가 떠오른다. 수중에 넣어두는 것은 표면의 난반사亂反射를 막기 위해서다. 당초에는 이 방법으로 해독에 몰두했다.

구와하라 씨가 '月' 자를 발견한 문서는 사방 약 5㎝의 작은 파편이다. '月', 그리고 '子', '開', '閉' 등의 문자를 판독해가고, 이것은 대체 어떠한 문서의 일부인지 곰곰이 생각하였다. 결국, 이 단편은 다하성이 소실된 寶龜 2年(780)의 달력인 것을 알 수 있었다. 칠지문서 발견

서-3. 해독된 달력(적외선 텔레비전 카메라 사진)

의 계기가 된 문서임과 동시에 다하성 유적에서 나온 100점에 가까운 문서 단편 중에서 처음으로 해독된 것으로 나에게는 제일 인상 깊은 것 중의 하나이다.

이것을 계기로 '가죽 제품'으로 생각되었던 정청 서남부의 칠지 조사를 본격적으로 착수하게 되었다. 나타난 문자를 주시하여 다 읽어낼 때마다 동료의 의견을 구해서 확인해 가는 날들이 계속되었다. 묵흔이 옅은 문자는 아침부터 계속 보아 저녁이 되서야 읽을 수 있는 것도 있었다. 악전고투 끝에 칠지문서 중 약 절반 정도의 문자를 확인하는데 약 3개월이 필요했다.

얼마 안 되는 묵흔을 단서로 육안으로 해독하는 작업은 얼마지나지 않아 한계에 이르렀다. 또 제3자에게 전달하기 위해 사진을 찍을 필요가 있었다. 이러한 상황 속에서 적외선 텔레비전 카메라 이용이 고안되었다. 적외선 텔레비전 카메라의 원리는 일반 텔레비전과 다르지 않지만 육안으로 볼 수 있는 범위 즉 가시광선이 파장 $0.38~0.78\mu$(μ: micron)=1,000분의 1㎜)인 것에 비해 적외선용 vidicon(촬상관撮像管)의 감도는 $0.8~2.4\mu$으로 훨씬 높은 검출력檢出力을 가지고 있다. 적외선 텔레비전 카메라는 이미 회화나 동찰(棟札, 공사의 유래 · 건축주 · 장인 · 연월일 등을 기입한 목찰로 기둥목에 박았다) 등의 문화재 조사에서 사용되었는데, 칠지문서 해독에 기대 이상의 위력을 발휘했다.

적외선 텔레비전 카메라 도입에 의해서 칠지문서는 거의 다 해독할 수 있게 되었다.


## 계속해서 성과가 나타나다

해독의 성과를 공표한 것은 1978년 6월이다. 공표 직후의 신문 문화란에서 나는 칠지문서 발견의 의의를 서술하면서 다음과 같이 결론을 맺었다.

칠지문서는 어느 한 점을 보더라도 8세기 후반 다하성을 중심으로 한 동북지방의 움직임이 생생하고 뚜렷하게 드러난다. 마치 둘러싸여 있던 베일이 한 장 한 장씩 벗겨져 진실의 모습을 나타내는 것처럼 보이기까지 한다. 그리고 이번 문서의 발견이 전국 각지에서 묵묵히 고대사 해명에 힘쓰고 있는 고고학 · 고대사 관련자에게 밝은 희망을 줄 것이라고 자부한다. 그것은 '칠지'문서는 옻칠 작업에 사용되어 남은 것이기 때문에 결코 우연이나 기적이 아니고, 더구나 다하성만의 특수성도 아니다. 장차 각지에서 출토뉴스의 보고를 학수고대하며 기다리고자 한다(『河北新報』 1978년 6월 15일).

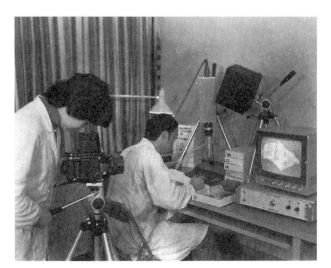

서-4. 해독작업 광경

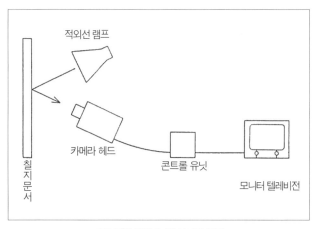

서-5. 적외선 텔레비전 카메라 구조

그리고 이 예측대로 동일본東日本 각지를 중심으로 성과가 계속해서 보고되었다. 녹자鹿子C 유적(茨城縣 石岡市)의 약 300점을 필두로 하여 담택성膽澤城(岩手縣 水澤市)과 *추전성秋田城(秋田縣 秋田市)에서 각각 약 50점 등 현재까지 100군데 달하는 유적에서 검출되었던 것이다.

주지하고 있는 바과 같이 1945년 이후 발굴조사에서 목간이 발견되면서 고대사를 이야기할 때 빠질 수 없는 사료가 되었다. 또 묵서토기(墨書土器, 바닥이나 측면에 문자가 기입되어 있는 토기)도 새로운 문자정보를 제공해주었다. 지금은 목간과 묵서토기에서 얻을 수 있는 정보를 무시해서는 고대사가 성립되지 않는 것처럼 칠지문서 또한 고대사 연구상에 확고한 위치를 점하는 존재가 되었다. 그렇다면 칠지문서는 대체 어떠한 것이며, 또한 우리들에게 밝혀주는 고대사상古代史像은 무엇인지. 계속해서 다음의 순서를 따라 살펴보도록 하겠다.

---

• **추전성秋田城:** 추전현秋田縣 추전시秋田市에 있는 고대성책 유적. 하이蝦夷에 대비하기 위해 733년에 출우책出羽柵를 여기에 옮겨와서 축성한 것이라고 한다(『속일본기』).

## ■ 옻칠에 대한 기초지식

〈漆〉이라는 글자는 원래 '桼'이며, 나무에서 즙이 떨어지는 모습을 나타낸 '㮐'라는 형상문자에서 변화했다고 한다. 수액을 채집할 수 있는 옻은 일본을 비롯해서 중국 · 베트남 · 타이 · 캄보디아 · 미얀마 등 동남아시아에서만 생육한다. 자웅목인데 둘 다 옻칠의 품질은 차이가 없고 15년에서 20년 정도 자란 옻나무에서 좋은 옻칠을 얻을 수 있다. 재배를 위해서는 기온이 습윤한 곳, 햇빛과 통풍이 좋은 곳, 토지가 비옥한 곳이라는 세 가지 조건이 필요하다. 고대 이래 일본 각지에서 명산지가 생겼지만, 현대에는 쇠퇴하여 현재 일본에서 사용하는 옻칠은 거의 중국 등에서 수입하는 것에 의존하고 있다. 다만 일본산 漆은 국내 사용량의 2%에도 달하지 못한다고 해도 광택이 아름답고 투명하다는 점에서 다른 나라의 옻칠보다 좋기 때문에 고급 칠기의 마무리 칠을 할 때 빠지지 않고 쓰인다.

옻칠의 주성분은 urushiol(칠산漆酸)이라고 불리는 것이다. 일본산 옻칠의 경우, 60~65%가 urushiol이며 나머지 대부분은 물 그리고 고무질, 함질소물含窒素物 등이다. 산에서 채집하여 티끌을 여과한 옻칠(유백유乳白油 상태의 즙액)을 생칠生漆이라고 한다. 먼저 불순물을 제거하고 다음으로 생칠의 수분을 증발시키면서 잘 섞으면 투명한 황

갈색의 반투명 상태가 된다('검게 물들이다 くろめる'라고 한다). 생칠을 검게 하기 위해서는 보통 태양열이나 숯불을 사용해(현재는 전기열을 이용한다) 옻칠의 수분을 증발시키면서 천천히 교반攪伴하면, 서서히 광택이 나온다(이 교반작업을 '나야시 なやし'라고 한다). 옻칠은 섭씨 4도 이하에서는 건조되지 않는다. 온도가 올라감에 따라 옻칠은 건조하게 된다. 그런데 불가사의하게도 40도 이상이 되면 건조되지 않으며, 80도를 넘으면 다시 건조된다. 150도 이상의 고온이 되면, 어떠한 옻칠이라도 간단하게 건조된다(이 성질을 이용한 것이 고온경화법高溫硬化法으로 예부터 말등자・투구・마구・도검 등의 금속이나 장식에 사용되었다).

옻칠이 건조되는 메커니즘은 실로 흥미롭다. 햇볕을 쬐어서 단지 수분을 날려버리면 된다는 것이 아니라, 습기가 필요한 것이다. 옻칠이 다량의 산소를 흡입해서, 고무질에 포함되어 있는 laccase라는 효소의 효과에 의해서 산화작용이 일어나 액체가 고체가 되어 경화된다는 것이다. 적당한 습기 속에서 효소가 공기 중의 산소를 흡수하여 옻칠의 산화작용을 촉진시킨다. 그렇게 되면 옻칠이 경화한다('건조되다'). 이러한 이유로 한 해 중에서 옻칠이 가장 빠르게 건조되는 시기는 장마철이다. 일반 도료는 수분과 신너 등의 용제가 증발하는 것으로 '건조'되지만, 옻칠은 그것과 다르게 자신의 힘으로 '건조'된다. 그렇기 때문에 옻칠은 강인하고 우아한 도막塗膜을 만드는 것이다.

　도막은 염산·초산·유산, 게다가 금·백금 등 귀금속을 녹이는 왕수王水에 넣어도 변화하지 않고, 현재에도 옻칠을 녹이는 화학물질은 전혀 찾아볼 수 없다. 게다가 6,000년이 지나도 물리적·화학적 강도에 변화가 없고, 전기에 대한 절연력絶緣力도 변하지 않는다. 또 옻칠의 수분 흡수율은 0.02%이지만, 이것도 크게 변함이 없다. 이와 같은 옻칠의 불가사의한 성질은 현대과학에서도 해명할 수 없는 것이 많다고 한다. 거의 무적으로 보이는 옻칠의 유일한 약점은 태양광선, 구체적으로는 자외선이다. 예컨대, 일광日光에 있는 양명문陽明門의 화려한 옻칠 건물이 지금은 바래서 희뿌옇게 된 것은 긴 세월동안 자외선을 쬐어 옻칠의 열화를 초래하였기 때문이다. 이 점은 칠지문서 보존에서도 주의해야 할 점이다.

# I

# 고대사 속의 옻칠

옻을 채취하는 풍경(『和漢三才圖繪』)

# 1. 진귀하게 여겨진 보물

## 옻칠에 관련된 민화

지금 도지기(栃木, 下毛野國)와 군마(群馬, 上毛野國) 두 현에 걸쳐서 양모선兩毛線이라는 전철이 달리고 있다. 栃木縣의 佐野驛에서 내려서 赤見溫泉行 버스를 타면, 종점 부근에 천연기념물로 지정되어 있는 出流原弁天 연못이 있다. 펑펑 솟아나는 샘물로 차갑고 맑아 아름답다. 이 연못을 품고 있는 것이 석회가 나오는 산으로 알려져 있는 기산磯山이다. 그 동쪽 편을 후산後山이라고 하는데 여기에는 이 근처의 큰 부자였던 조일장자朝日長者의 보물이 숨겨져 있다고 한다. 그 고장의 사람들은 보물을 찾기 위한 열쇠를 다음의 노래에 비유해서 전하고 있다.

うるし千ばい/朱千ばい (옻칠 천 그릇/주 천 그릇)

くわ千ばい/黃金千ばい (괭이 천 그릇/황금 천 그릇)

朝日の映す/夕日かがやく (아침 햇빛이 비추는/저녁 햇빛이 빛나는)

雀の三おどり牛の/下にある (참새 세 번 반 춤추는 곳/밑에 있다)


보물찾기를 노리는 사람들에게 중요한 부분은 감춰진 장소를 나타내는 것 같은 후반부일 것이다. 그러나 우리들에게 흥미로운 점은 보물의 내용이 '옻칠', '주', '괭이', '황금'이라는 것이다. 황금은 말할 필요도 없다. 농기구인 괭이는 철을 가리킨다. 그리고 건물과 기물을 채색하는 朱(진사辰砂, 유화수은硫化水銀)와 옻칠이다. 이 4개가 고대 이래 사람들에게 변하지 않는 동경의 대상이었으며, 보물이었던 것이 틀림없다.

이와 같은 민화는 전국 도처에 남아있다. 예를 들면 山形縣의 置賜地方 犬川村 大字下小松(東置賜郡 川西町)에 천송사千松寺라는 절이 있다. 源義家의 아들 千松君의 보리사로 생모인 妙法尼가 창건하였다고 전해지고 있다. 그 仁王堂 부근에 '朱千杯, 新鍬千杯, 漆千杯(주 천 그릇, 새 괭이 천 그릇, 옻칠 천 그릇)'가 묻혀 있고, 그 지상에 피는 흰 진달래꽃을 본 사람은 그 보물을 찾을 수 있다고 한다. 또 이러한 이야기도 전해지고 있다. 천송사 영내에서 아시게(葦毛) 말(흰

털에 검정 또는 밤색 털이 섞인 말)을 사육하면 그 말은 왜인지 항상 미쳐서 날뛰었다. 어느 날 미쳐서 날뛰던 말이 仁王堂 부근을 이리저리 뛰어다녀 다리가 피투성이가 되어 돌아 왔다. 그런데 자세히 보니 상처는 없고 피로 보였던 것은 朱였다. 땅에 묻혀있던 주 항아리에 다리가 들어갔기 때문에 빨갛게 물들어버린 것이라고 한다.

황금 · 철 · 주는 천연 지하자원이다. 한정된 지하자원은 그 희소성만으로도 보물이 된 이유를 알 수 있다. 이에 대해 옻칠은 재배된 식물에서 채취되는 수지이며, 무한하지는 않더라도 기본적으로 없어지지 않는 물질이다. 그런데 왜 황금 · 철 · 주와 함께 보물이 된 것일까. 아마도 여러 방면으로 활용할 수 있는 장식성이 풍부한 점, 비견할 수 없는 견고함을 가진 물질임과 동시에 힘든 채취 작업에 비해 조금 밖에 채집하지 못하는 희소성 때문에 보물이 된 것이겠다.

이와 관련하여 주와 옻칠이 혼동된 민화도 있다. 예를 들면 島根縣 能義郡의 민화다. 布部河原에서 옻칠을 채취하는 사람인 賴太는 연못 아래에 있는 옻칠을 채취해서 살고 있었다. 동생은 형이 하는 위험한 작업을 그만두게 하기 위해서 볏짚으로 큰 뱀을 만들어 연못에 넣어 두었다. 이것을 모르는 형은 옻을 채집하러 가서 큰 뱀에 휘감겨, 폭풍우를 만나 함께 떠내려갔다고 한다. 연못의 아래에 옻칠이 있을 리가 없고 이것은 주와 옻칠을 혼동하여 알고 있었던 것이다. 秋田縣 仙北

郡 角館町에서도 같은 구성의 전설이 있으며 "연못 아래" 대신에 "주 덩어리가 가라앉아 있는 적연赤淵이라는 깊은 못"으로 표현되는데, 이것 또한 '옻칠'에 대한 민화로서 전해지고 있다. 이러한 혼란이 생긴 것은 주와 옻칠을 '朱漆'로 일체화하여 취급했기 때문이다.

## '尾張國解文'에도 등장

10세기 말 국사國司의 가혹한 수탈을 소송한 사료로 '尾張國郡司百姓等解(尾張國解文)'가 유명하다. 여기에서 그 때의 尾張國守 藤原元命의 非法이 31조에 이르는데, 그 중 한 조에 옻칠이 등장하고 있다. 解 · 解文은 고대 문서형식의 하나로 上申書이다.

이 解文의 제18조에 의하면 藤原元命은 藏人所로부터 요청이 있다고 하여 통상 공납하는 옻칠 3말 4되 외에 옻칠 10여 섬(1섬은 10말)을 추가 징수하려고 하였다. 이것이 얼마나 터무니없는 양이었던

- 미장국尾張國: 현재 애지현愛知縣.
- 군사郡司: 율령제하의 지방행정관. 국사國司 밑에서 군을 통치했다. 대령大領 · 소령少領 · 주정主政 · 주장主帳의 사등관으로 구성됐다.
- 국수國守: 국사國司의 장관.
- 장인소藏人所: 810년에 창설된 관청. 천황에 직속된 관청으로 궁중의 여러 가지 일을 담당했다.

가는 解文에 보이는 '一樹之出汁僅勺撮(한 그루의 나무에서 채취할 수 있는 옻칠액은 勺撮같이 얼마 되지 않는다)'라는 표현에서도 알 수 있다. 勺은 1홉의 10분의 1, 撮은 더 한 단위 아래의 도량단위이다. 元命은 옻칠을 납부할 수 없으면 비단으로 대체해서 납부하라고 명령한 것 같다. 그 결과 '如此之間, 人去薗荒爲野火燒亡, 本倒枝枯爲國土之大損(이 때문에 사람이 떠나서 전원이 황폐해지고, 들불에 타서 없어졌다. 나무가 쓰러져서 가지가 마르고, 국토는 큰 손해를 입었다)'라는 참상이 일어났다고 한다.

현재의 옻을 채취하는 기술로도 하루에 채취할 수 있는 옻칠의 양은 적다. 하루가 걸려 옻칠을 채취한 나무 수를 히토쿠가키[一工ガキ]라고 한다. 옻칠 액이 제일 많이 나오는 15년생 나무로 약 60그루가 기준이다. 이 히토쿠가키로 채집할 수 있는 양은 보통 5홉(약 0.9리터)이다. 이것을 보아도 藤原元命의 가렴주구를 엿볼 수 있다. 漆은 말 그대로 보물이었던 것이다.

# 2. 어디에서 생산되고 어떻게 조달되었던 것인가

## 생산지는 어디인가

고대 국가의 여러 제도를 정해 놓은 율령 중에 다음과 같은 규정이 있다(田令16條).

凡課桑漆, 上戶桑三百根, 漆一百根以上. 中戶桑二百根, 漆七十根以上. 下戶桑一百根, 漆四十根以上. [後略]

중국 제도를 본떠서 丁數(호의 성년 남자 수)를 기준으로 하여 三等戶(上戶 · 中戶 · 下戶)의 제도를 만들어서 뽕나무와 옻나무를 기르게 하였던 것이다. 이런 강제는 비단과 옻칠을 세금으로 하여 최대의 소비지인 왕도에 공진시키기 위함이었다.

그러나 전국에 생산케 하는 것은 어디까지나 하나의 방침이었으며, 현실에서는 일정 지역으로 한정되어 있었다. 주로 越國과 *丹波 · *因幡 등 일본해 측의 제국, 또 *기내주변의 제국이 한결같이 공납체계 속에 들어가 있었다. 또 정창원문서 중에서 사원 조영관계 사료를 보면, 陸奧國과 *上野國 등 遠國의 옻칠도 중시했던 것을 알 수 있다.

9세기가 되면 특정한 산지가 나타난 것 같다. 중세가 되면 옻칠은 널리 산야에서 재배되어, 무로마치 시대[室町時代] 중기의 사전인 『節用集』은 옻칠을 공납하는 지방으로 陸奧 · 若狹 · 越中을 들고 있다.

참고로 근대의 생산지를 들면, 다음과 같다(石井吉次郞 · 一戶淸方『實用漆工術』).

- **월국越國**: 현재 신석현新潟縣.
- **단파丹波**: 현재 경도부京都府와 병고현兵庫縣 일부.
- **인번因幡**: 현재 조취현鳥取縣.
- **기내畿內**: 율령제하에서는 대화大和 · 산성山城 · 하내河內 · 섭진攝津 · 화천和泉 5개국을 가리킨다. 현재 나량현奈良縣 · 경도부京都府 · 대판부大阪府에 해당된다.
- **상야국上野國**: 현재 군마현群馬縣.

丹波/吉野/相模足柄/越後岩船/武藏秩父/上野南甘樂/常陸那珂/下野那須/三河南說樂/甲斐南巨摩/美濃郡上/飛驒吉城/信濃下伊那/陸奧二戶/陸奧南津輕/羽後山本/羽前南村山/加賀石川/能登鳳至/越中礪波/越前今立/因幡智頭/備中川上/安藝高田/紀伊那賀/阿波美馬/伊豫宇摩/豊後日田/日向北諸縣/薩摩鹿兒島

그러나 현재 국내 생산은 격감하고 지금도 주요한 생산지로 이어진 곳은 越後岩船(新潟縣 岩船郡 朝日村)·常陸那珂(茨城縣 久慈郡 大子町)·陸奧二戶(岩手縣 二戶郡 淨法寺町)의 세군데 정도이다.

## 石山寺 조영으로 본 옻칠

일본 고대 중앙에 집적된 옻칠은 왕도와 그 주변의 궁전, 사원의 조영, 생활도구와 가구, 건물 내부 기둥 등에 다량으로 사용되었다. 예를 들면 天平寶字 3~4年(759~760)* 法華寺 金堂 造營의 경우, 사용된 옻칠의 총량은 2섬 9말 2되 6홉(이 중 3말 7되 5홉은 구입)이었다.

---

• **법화사法華寺**: 나라시대에 성무천황聖武天皇의 황후인 광명황후光明皇后가 창건한 절. 나라시奈良市에 있다.

이중 약 44%는 堂柱 14개의 塞料(삼베에 옻칠을 발라 기둥에 붙이는 것)와 초배용으로 사용되었다(정창원문서).

사원 조영사업에서 사용하는 옻칠의 양은 막대하다. 어떻게 조달했었을까. 近江國 석산사石山寺의 경우를 예로 들어 보자. 석산사 조영공사가 시작된 것은 天平寶字 5年(761)이다. 그때까지 一宇(一軒)의 히와다부키 불당[檜皮葺佛堂] 외, 약간의 건물만 있는 작은 사원이었지만, 이 해 10월 호라노미야 행행[保良宮行幸]을 계기로 保良宮鎭護 사원으로서 대규모로 증·개축했다.

다음해부터 본격적으로 착수한 조영공사에 앞서, 맨 먼저 옻칠이 조달되었다. 석산사 조영의 책임자는 安都雄足이었다. 造東大寺司의 사칸(主典, 율령관제에서는 각 관청은 카미·스케·죠·사칸[カミ·スケ·ジョウ·サカン]의 4등관으로 구성되어 있다)이었던 雄足은 造石山寺所別當으로 그 경비와 장인 등은 造東大寺司에게 청하고 있었다. 옻칠 조달도 예외가 아니었다.

---

- **석산사石山寺**: 성무천황聖武天皇의 발원으로 승려 양변良弁이 창건했다고 하는 절. 761년부터 다음해에 걸쳐 조영되었다. 자하현滋賀縣 대진시大津市에 있다.
- **보량궁保良宮**: 근강국近江國 자하군滋賀郡(현재 자하현滋賀縣)에 두어진 궁. 759년에 조영 담당자가 임용되어 공사가 시작되었으나 완성되지는 못했다.
- **조동대사사造東大寺司**: 나라시대 동대사 대불의 조영, 동대사 영지의 경영, 사경사업 등을 담당하기 위해 설치된 관청. 748년경에 성립되어 789년에 정폐되었다.

그렇지만 漆의 조달은 결코 용이하지는 않았다. 예를 들면 造東大寺司에게 보낸 天平寶字 6年 7월 1일부 문서(造石山院所解案)를 보면, 釘에 바르기 위한 옻칠이 近江國府의 시장에 없기 때문에 平城京의 東西市에서 구입해 달라고 의뢰하고 있다. 석산사에서 약 1.6㎞, 북상해서 세타노카라하시[瀨田唐橋]를 건너면 近江國府가 있음에도 불구하고 그 곳의 장시에서는 구입할 수 없기 때문에 일부러 王都에서 구입하고자 하는 것이다. 東大寺 大佛殿(751년 완성)을 비롯해서 잇따르는 궁도 및 사원의 조영에 의해 왕도와 그 주변에서 점차 옻칠 조달이 어렵게 되었던 점을 엿볼 수 있다.

석산사 조영의 옻칠 조달을 둘러싸고 주목할 만한 사료가 있어 제시해 보겠다(『大日本古文書』5).


謹解 申進上物事

鐵拾廷 鍬拾口

　　右, 依牒旨進上如件

一, 買漆四斗

一, 陸奧殿漆者,　價四百五十文自此者一文不減者


- • 뇌전당교瀨田唐橋: 자하현滋賀県 뇌전천瀨田川에 놓인 다리. 관동에서 경도로 가는 입구에 있으며 예로부터 경도를 지키는 요충지였다.

一, [略]

天平寶字六年正月七日

六人部荒角


서명자인 六人部荒角은 造東大寺司의 사생(史生, 사무관)으로 석산사로 종종 물건을 보내는 인물이다. 이 문서가 석산사로 보내진 것으로 보아 거의 틀림없다.

머리말 부분의 내용은 '진상물에 대해서 삼가 말씀드립니다. 鐵 10 廷, 鍬 10口와 같이 牒으로 요청이 있었던 물건을 진상하는 바입니다.' 첩은 고대의 공문서 중 하나의 형식으로 상하관계가 없는 부서 간에 주고받았다. '如件'은 글을 끝맺는 상용문구이다.

흥미로운 점은 문서 내용 중 하나의 조목 중에 있는 '陸奧殿漆'이다. '陸奧殿'은 아마도 陸奧守(陸奧國의 장관) 재임자 혹은 그 저택을 가리킨 것으로 생각된다. 國名+殿이라는 용례는 나라시대에는 다른 예가 알려져 있지 않지만 후대에 國守에 대한 경칭으로 일반적으로 사용되었기 때문이다. '陸奧殿'의 옻칠은 가격이 450文으로 이것보다 1文이라도 줄여서는 안 된다고 하였다. 옻칠의 수요가 많아진 때에 陸奧守로부터 구입하고 있는 점은 상당히 흥미롭다. 당시 육오국이 옻칠의 특산지로 중요한 위치를 차지하고 있는 것을 엿볼 수 있다.

그렇다면, 당시 陸奥守는 누구였을까. 『續日本記』를 보면, 天平寶字 元年(757)에 藤原朝臣朝獦이 임명된 이후에 오래도록 임관기사가 없다. 天平寶字 6年(762) 4월에야 겨우 田中朝臣多太麻呂가 임직되었다는 기사가 있다. 그렇다면 이때는 아직 朝獦이 陸奥守였다고 봐도 무방할 것이다. 朝獦은 당시 견줄 자가 없는 권세가인 藤原仲麻呂의 넷째 아들이다. 近江에 있는 한 사원의 옻칠 조달에 왜 陸奥守인 朝獦이 관여했을까. 이 배경에는 중앙정계의 움직임이 있었다고 생각된다. 주제에서 조금 동떨어진 이야기일 테지만, 다음 절에서 의외의 고대 이면사를 살펴보고자 한다.

---

• 등원중마려藤原仲麻呂: 706~764. 나라시대 후반을 대표하는 정치가. 광명황후光明皇后와 효겸천황孝謙天皇의 신뢰를 얻어 정계 중추에 진출하여 귤내량마려橘奈良麻呂 등 반대세력을 일소하여 정권을 장악했다. 하지만 승려 도경道鏡이 효겸천황에게 중용되자 반란을 일으켜 살해당했다.

# 3. 藤原仲麻呂(후지와라노 나카마로)의 음모와 동북지방의 富

## 政爭에서 이기다

天平勝寶 元年(749) 7월, 聖武天皇이 양위하여 阿倍皇女가 즉위했다(孝謙天皇). 다음 달 8월, 大納言 藤原仲麻呂는 신설된 紫微中台(光明皇太后를 보좌해서 정치를 하기 위한 기관)의 장관을 겸임하였다. 그리고 仲麻呂는 정적인 左大臣 橘諸兄을 점차 압박하여, 天平勝寶 8年(756), 모반의 밀고를 빌미삼아 사직으로 몰아넣었다. 같은 해 5월, 聖武上皇이 죽고 光明皇太后가 권력을 장악했기 때문에 (仲麻呂는 光明과는 숙모·조카, 孝謙天皇과는 사촌동생인 관계), 仲麻呂는 권세가로서의 지위를 확립했다.

天平寶字 元年(757) 4월, 仲麻呂의 저택인 <sup>*</sup>田村第에 살며 仲麻

呂의 죽은 아들 眞依의 처 粟田諸姉를 맞아들인 大炊王이 다른 씨족들이 옹립하는 여러 왕을 물리치고 皇太子로 결정되었다(후의 淳仁天皇). 그리고 6월, 인사이동으로 橘諸兄의 아들 奈良麻呂를 兵部卿<sup>*</sup>에서 右大弁<sup>*</sup>으로 좌천시키고, 奈良麻呂의 謀議에 관련되어 있던 左大弁 大伴古麻呂는 陸奥按察使兼鎭守將軍의 겸임으로 발령되어 동북 지방으로 쫓겨났다.

奈良麻呂의 謀議란 무엇이었을까. 天平勝寶 8年 4월, 聖武가 難波로 行幸하는 도중, 중병에 걸렸을 때 奈良麻呂는 황금을 가지고 왕도에 온 陸奧守 佐伯全成을 꾀어서 大伴古麻呂와 함께 長屋王의 아들 黃文王을 옹립하는 쿠데타 실행을 강요했다. 전횡을 일삼는 藤原氏에 대해서 橘·大伴·佐伯 같은 전통 있는 씨족들이 단결하려고 한 것이다. 이에 대해서 古麻呂는 右大臣 豊成(仲麻呂의 兄)과 大納言 仲麻呂가 이미 권력을 장악하고 있기 때문에 黃文王을 옹립해도

* **전촌제田村第:** 평성경平城京 안에 있던 등원중마려藤原仲麻呂의 저택.
* **병부경兵部卿:** 병부성兵部省 장관.
* **부대편右大弁:** 대변大弁은 태정관太政官에 직속되는 변관弁官 소속 직명의 하나. 변관은 좌우로 나눠져 있었다. 각 성省에서의 문서를 수리하거나 태정관의 명령을 각 성에게 하달하는 등 행정 집행의 중축이었다.
* **나량마려奈良麻呂의 모의:** 이른바 귤내량마려橘奈良麻呂의 변. 757년에 귤내량마려가 대두하는 등원중마려藤原仲麻呂의 살해나 황위 찬탈을 계획했지만 미리 누설되어 실패했다. 『속일본기続日本紀』 천평승보天平勝寶 8년조에 사건 경과 기록이 있다.

사람들이 따르지 않을 것이라고 반대하였으며 全成도 무도한 일이라고 거부하였다고 한다.

7월, 仲麻呂 살해 謀議가 발각되어 奈良麻呂는 붙잡혔다. 小野東人이라는 인물의 자백이 결정적인 증거였다. 6월에 奈良麻呂宅, 圖書寮 부근의 庭, 太政官院庭에서 3번에 걸쳐 모의가 행해져 奈良麻呂 외에 安宿王 · 黃文王 · 大伴古麻呂 · 多治比犢養 · 多治比礼麻呂 · 大伴池主 · 多治比鷹主 · 大伴兄人 등이 모였다고 한다.

붙잡힌 奈良麻呂은 옥중에서 죽고, 大伴古麻呂도 고문 중에 죽었다. 佐伯全成도 任地에서 신문을 받아, 그간의 奈良麻呂의 언동을 상세히 자백한 후에 자살해 버렸다. 이리하여 反仲麻呂세력은 괴멸했다. 게다가 仲麻呂의 策謀에 의해 右大臣豊成도 중앙정계에서 추방되어 仲麻呂의 완전한 독재정권이 성립하였다.

## 陸奧國과 近江國을 지배하에 두다

奈良麻呂의 變에 大伴古麻呂(陸奧按察使兼鎭守將軍)과 佐伯全成(陸奧守兼鎭守副將軍)이 연좌된 것으로 陸奧國의 수뇌진은 일시에 결원缺員이 되어버렸다. 이 때 仲麻呂는 재빠른 대응을 보였다. 변이 일어난 며칠 후에 仲麻呂의 아들 朝獦은 正6位上에서 從5位下

로 올라, 陸奧守로 임명되었던 것이다. 이윽고 朝獦은 陸奧守에 더하여 *按察使 및 *鎭守將軍 세 관직을 모두 겸임하고, 동북지방의 최고행정관으로 군림한다.

陸奧國은 天平 21年(749), 東大寺 *여사나불廬舍那仏에 도금하기 위해 황금 900량을 바치고 있고, 天平勝寶 4年(752)에는 지금까지 피류으로 거두어들였던 세금(調庸物)을 다하성 이북에서는 황금으로 바꾸었다. 게다가 전술한 모의가 발단이 되었던 天平勝寶 8年 4月, 佐伯全成이 왕도에 올 때 가져왔다는 황금은 아무래도 조용물은 아니었던 것 같기 때문에, 정규의 조용물과는 별도로 陸奧守가 직무를 이용해서 황금을 조달할 수 있을 정도였을 것이다.

陸奧國의 풍부한 산물에 주목한 仲麻呂가 奈良麻呂의 변을 계기로 陸奧國의 고관인 大伴古麻呂와 佐伯全成을 강압적인 수법으로 말살하고, 자신의 아들 朝獦을 보냈다고 봐도 무리한 억측이 아닐 것

---

- **안찰사按察使**: 나라시대 제국 행정을 감찰한 관직이며 719년에 처음으로 설치되었다. 국사한테 겸임시켜 이웃 몇 국을 감찰하게 했으나 큰 효과를 얻지 못하여 8세기 말에는 육오陸奧 · 출우出羽 밖에는 임명되지 않았고, 뒤에는 중앙고관이 겸임하는 명예직이 되었다.
- **진수장군鎭守将軍**: 하이蝦夷를 지배하기 위해 동북지방에 설치된 진수부鎭守府 장관. 육오국사陸奧國司나 안찰사按察使를 겸무했다.
- **여사나불廬舍那仏**: 『화엄경華嚴経』 교주教主로 되어 있다. 나라시대에 화엄교학이 진흥되자 743년 성무천황聖武天皇이 대불 조영을 발원하여 동대사東大寺에 대불전大佛殿을 만들어 여사나불을 조성했다.

이다. 이것을 입증하는 것이 仲麻呂 자신의 近江에 대한 집착이다.

仲麻呂의 아버지 武智麻呂는 和銅 5年(712)에서 靈龜 2年(716)까지, 近江國守로서 근강국에 있었다. 天平 17年(745)에는 仲麻呂가 근강국수가 되어 이후 적어도 天平寶字 2年(758)에 太保(右大臣의 唐名)에 취임하기까지 그 임직을 벗어나지 않았다. 할아버지 不比等에게 *淡海公의 칭호를 드려, 天平寶字 3年(759)에는 近江保良宮을 조영하는 등 근강국과의 관계는 긴밀하였다. 사위 御楯도 近江按察使이며, 근강국은 확실히 仲麻呂 일족의 영국과 다름이 없었다.

근강국은 東海・東山・北陸 3 길의 결절점이다. 그러나 교통의 요충지였다는 것뿐만이 아니라, 철 자원을 확보할 수 있었던 점도 간과해서는 안 된다. 天平寶字 6年(762) 2월, 仲麻呂는 근강국의 浅井・高嶋 두 군에서 '철혈鐵穴' 각 한 곳을 입수하여 사적으로 철제무기를 제조할 수 있게 되었다(고도군 마키노 정에 있는 북목야北牧野 제철유적과 이 철혈의 관련이 지적되어 있다).

철혈을 독점한 仲麻呂라면 陸奧國의 황금에 주목하지 않을 리가 없다. 朝獦을 陸奧國의 책임자로 재빨리 보낸 것은 이 때문일 것이다.

---

• 담해공淡海公:「담해淡海」는 「근강近江」의 다른 표기.

## 仲麻呂 일족이 집적한 富

석산사 조영에 사용된 '陸奧殿漆'이란 陸奧守 朝獦의 사저에서 구입하여 조달한 것임에 틀림없다. 朝獦은 아마도 직무를 이용해서 황금과 함께 막대한 양의 옻칠을 집적했을 것이다. 실은 仲麻呂 자신도 같았다. 天平勝寶 9年(757) 3월 9일부 문서는 大佛殿院의 복도 116칸에 바르는 녹청(녹색안료)과 아교(접착제)에 대해 기록하고 그 중 녹청 158근 10량은 仲麻呂 댁에서 빌린 것이라고 한다. 仲麻呂 자택에 귀중한 안료인 녹청이 비축되어 있던 것이다.

고대인의 보물인 철·황금 그리고 옻칠. 권세를 견줄 수 있는 자가 없는 독재자인 仲麻呂가 사적으로 집적하려고 한 것도 바로 이런 것들이었다.

# II

## 칠지문서의 형태와 남는 이유

다하성 정청의 복원 그림

# 1. 왜 원형으로 남는 것인가

## 옻칠이 묻은 부분만 남았다

칠지문서는 옻칠의 힘에 의해서 보존되었지만, 매우 파손되기 쉽다. 실제 출토된 것 중에는 파편이 많고, 거의 완전한 형태로 출토된 예는 드물다. 여하튼 천 수 백년이나 땅속에 묻혀 있었기 때문이다. 하지만 여러 가지 형태가 있다고 해도, 남는 형태에는 큰 특징이 있다.

그 특징은 비교적 보존이 잘 된 것이면 거의 원형 혹은 그것을 둘로 접은 반원형이며 또 파편으로 출토된 것도 접합해보면 원형이 된다는 것이다. 원래는 사각 종이였을 터인데 왜 원형이 되는 것인가. 그것은 둥그런 옻칠용기의 '종이덮개'로 사용되었기 때문이다. 옻칠용기의 직경을 넘긴 부분에는 옻칠 액이 침투하지 않았기 때문에 옻칠의 보호를

II-1. '종이덮개'를 사용하는 방법

받지 않아 땅속에서 부식되어 없어져 버렸다(전술한 바와 같이 현재 옻칠을 만드는 데에도 '종이덮개'는 사용된다. 감물을 발라 젖은 종이를 옻칠액 표면에 밀착시켜, 경화·건조를 막는 것과 동시에 먼지 등이 들어가는 것을 방지한다).

원형과 반원형의 차이는 버리는 방법에 따른 것이다. 다 사용한 것이 그대로 버려지면 원형이 되고, 옻칠 액이 부착된 면을 안쪽으로 하여 꺾어 접어 넣어 투기하면 반원형이 된다. 액체를 부착한 것을 버리는 장면을 상상하면 알 수 있듯이 후자가 더욱 일반적인 투기 방법이다. 그 외에 옻칠을 안쪽으로 하여 2장을 겹쳐서 버린 예도 있고, 복잡한 형태로 접은 것도 출토되었다. 덧붙여 아직 출토수가 많지는 않지만, 색다른 것으로는 비틀어 꼰 형태의 것도 출토된다. 이것은 아마도 '종이덮개'가 아니라 칠을 거르기 위해서 사용된 것으로 추측된다. 현대에서도 옻칠을 거르기 위해 종이를 비틀어 꼬아서 옻칠을 짜낸다. 같은 형태의 가죽제품이 다하성과 평성경 등에서 출토되었는데, 옻칠을 짰던 가죽제품인 것으로 판명되었기 때문에 이 용도로 사용했던 것이라고 추측된다. 이 외에도 토기에 부착된 것이 있다. 이것은 팔레트로 사용한 토기의 '종이덮개'로 사용한 것을 옻칠 액이 경화되었기 때문에 토기와 함께 버린 것 같다.

## 용기의 크기를 추정하다

칠지의 잔존상황을 관찰하면서 이번에는 거꾸로 당시 사용되었던 칠용기의 직경을 추정할 수 있다. 아무래도 칠용기는 어느 정도 정형화되었던 것 같고, 小(직경 14~16㎝)・中(22㎝ 내외)・大(33㎝ 내외) 3그룹으로 나눌 수 있다. 아마도 옻칠 작업의 현장에서는 칠용기로서 마게모노(曲物, 노송나무나 삼나무의 얇은 판을 동그랗게 해서 벚나무 껍질로 붙여서 저판을 붙인 통)가 이용되는 것이 일반적이었을 것이다. 하지만 본체가 출토되지는 않았고, 어디까지나 '종이덮개'에 부착된 옻칠 액의 상태와 칠지의 형상에서 추측한 것이며, 출토 사례도 한정되어 있기 때문에 하나의 기준에 지나지 않았다. 그러나 그 후 이 추측을 입증하는 귀중한 자료가 출토되었다.

金澤市 중심부에서 북서쪽으로 약 6㎞, 金澤新港 근처에 도미즈 C 유적[戶水C 遺跡]이 있다. 1982년, 여기에서 칠지문서가 출토됨과 동시에 옻칠액이 부착되어 있는 용기가 출토되었다. 처음으로 옻칠액·용기 그리고 '종이덮개'(칠지문서) 모두가 잔존하여 출토된 사례이다.

칠지는 저면의 약 3분의 1정도가 보존되어 있었는데, 측판과 저판에 옻칠의 침투된 부분만 나뭇결마저 선명하게 얇은 판 상태로 남아 있었다. 칠통의 지름은 약 16㎝, 깊이는 현재 상태에서는 최대 약 2.5㎝정도로 추정된다. 측판에는 벚나무의 껍질을 사용해서 붙인 부분(폭 약 9㎜)의 흔적이 있었다. 통 안에는 두껍게 옻칠액이 굳어져 있고, 그 옻칠 위에 종이가 밀착되어 남아 있었는데, 적외선 텔레비전 카메라로 관찰하여 '作訟' 등의 문자를 확인 할 수 있었다.

# 2. 글자가 남는 패턴

## '칠면漆面'과 '겉면'

칠지='종이덮개'로 사용된 휴지는 양면에 문자가 기록되어있는 것이 일반적이다. 序章에서 다룬 것처럼 고대사회에서 종이는 귀중품이었기 때문에 문서를 다 사용한 다음에는 그 뒷면(지배紙背)이 문서의 초안이나 사무용 각서나 메모 또는 습자 등에 이용되었다.

당연한 점은 옻칠은 옻칠 액에 접한 한쪽 면에 부착되어 있고, 반대면에는 붙어 있지 않다. 우리들은 편의상, 전자를 '칠면漆面'이라고 칭하고, 후자를 '겉면'이라고 부른다. 이것은 말할 필요도 없이 본래 문서의 앞(제1차 문서)과 뒤(지배문서)와는 관계가 없다. 그대로의 형태라면 '칠면'의 문자는 옻칠로 뭉개져서 읽을 수 없고, '겉면'의 문자만 읽을 수 있는데(다만 칠의 부착상태가 매우 옅은 때, 예외적으로 칠면의 문자가 스며서 보이는 경우가 있다), 오랫동안 흙속에 있었기 때문에 문자가 남아있는 형태는 몇 개의 패턴이 생겨나게 되었다.

(1) '겉면'의 문자가 정위문자正位文字로 읽힌다.
(2) '겉면'의 문자 일부가 없어져, '칠면'의 문자가 좌문자(左文字= 좌우가 거꾸로 된 글자)로 읽힌다.
(3) '겉면'의 문자가 없어져, '칠면'의 문자만이 좌문자로 읽힌다.
(4) '칠면'의 문자 일부만이 보인다.

이것은 옻칠로 코팅되지 않은 '겉면'쪽의 종이가 풍화되어 가기 때문이다. 제일 많은 사례는 (1)번이다. 종이 본래의 두께가 유지되어 있고, '겉면'의 문자가 선명하게 읽히는 경우에는 '칠면'의 문자는 드러나는 묵흔을 겨우 확인할 수 있는 정도이다. 그리고 풍화되어 '겉면'이 없어짐에 따라 '칠면'의 문자가 좌문자로 명확해져 간다. 즉, 반대면에서 문자가 보이는 것이다.

풍화가 계속 진행되면 '겉면', '칠면'의 문자가 없어져, 더 이상 칠지문서라고 말할 수 없게 된다. 문자가 전혀 없다고 보고된 칠지 중에는 처음부터 백지를 사용했을 가능성이 없는 것도 아니지만, 당시 종이의 귀중함을 고려한다면 '종이덮개'로 굳이 백지를 이용했다고는 생각하기 어렵다. 실제로 문자가 없는 칠지를 세밀하게 관찰해 보면, 종이의 두께가 얇고, 표면이 편평해진 것이 많다. 대부분은 풍화에 의해 종이 질이 얇아지고 그에 따라 문자가 없어졌다고 볼 수 있을 것 같다.

## 깎아 내어 문자가 나타나다

풍화가 진행되면 '칠면'의 문자가 겉면에서는 글씨가 좌우 거꾸로 보이기 때문에 인위적으로 종이를 깎아내 '칠면'의 문자를 볼 수 있다. '겉면'에 문자가 없는 것을 확인한 다음 그 부분을 깎으면, '겉면' 문서를 훼손하지 않게 된다.

실제 사례로, 多賀城市 山王遺跡의 칠지문서를 보자. 이 문서는 토기에 부착된 상태로 출토되어 육안으로는 거의 읽을 수 없었다. 적외선 텔레비전을 통해서 드러난 '겉면'의 문자를 보면 아무래도 출거出<sup>*</sup>舉 관계의 문자 같았다. 빠르고 굵은 필체이기 때문에 공식 문서가 아

---

• **출거出舉**: 고대사회에서 널리 실시된 이자가 있는 대부제도. 일본열도에서는 벼의 이식이 있는 대부가 널리 실시되었다. 정부가 민중들한테 봄과 여름에 벼를 빌려주고 가을에 수확할 때 50% 이자와 함께 반납시키는 것이며 남녀 구별 없이 벼를 빌려 사실상 조세로서의 역할을 하고 있었다.

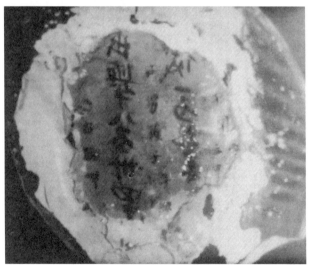

II-2. 깎아내서 떠오른 문자. 깎아내는 작업 전(상)과 작업 후(하, 뒷면 태움)

니라 종이 뒷면을 이용한 제2차 문서로 판단된다. 따라서 '칠면'에 제1 차 문서가 있다고 상정되지만, 이 상태로는 문자의 존재도 알 수 없었다. 다행히도 옻칠이 두껍게 부착되어 있어 종이의 원래 두께는 보존되어 있었다. 이러한 경우에는 깎아 내는 작업이 유효하다.

치과용 그라인더를 사용해 신중에 신중을 거듭하여 문서의 행과 행 사이를 깎아 낸다. Ⅱ-2그림을 보자. 인명 · 연령 그리고 課 · 不課 (稅=課役 부담의 유무를 나타낸다)의 문자가 선명하게 드러났다. 작고 정연한 해서체의 문자로, 정식 장부의 일부임에 틀림없다. 숨어 있던 문서가 되살아난 극적인 순간이다. 마치 안개가 걷혀서 선명한 풍경이 눈앞에 전개된 것과 같았다(이 작업 과정은 모두 비디오로 기록되어 있다).

옻칠이 마르지 않은 채 버려지면, 문서 표면에 흙이 부착되어 문자를 덮어버리는 경우도 있다. 이러한 경우에는 메스를 사용할 차례이다. 메스와 그라인더는 칠지문서 해독을 위해 빠질 수 없는 도구이다. 옛날에 관인은 '刀筆之吏'라고 불렸다. 筆筆은 말할 필요도 없고, 도刀는 도자刀子(길이 1자 이하의 작은 칼)로 틀린 문자를 깎아 내고, 또 목간을 재이용하기 위해서 표면을 깎기 위한 물건이었다. 즉 지우개다. 우리들은 지금 전혀 다른 목적으로 깎아내기 위해 메스와 그라인더를 필수품으로 하고 있다.

# 3. 종이의 이음매를 추리하다

## 동일 문서를 덧대어 붙인 사례

현대 옻칠을 바르는 작업에서도 알 수 있는 것처럼 '종이덮개'는 용기 지름에 배에 가까운 크기를 필요로 한다. 그러나 고대의 종이는 보통 세로 1자(29.75㎝)밖에 되지 않는다(가로는 2자정도). 따라서 용기가 큰 경우, 당연히 한 장의 종이로는 부족하다. 즉 종이를 이어서 사용해야 된다. 실제로 각지에서 출토된 '종이덮개'로 직경 30㎝를 넘는 큰 것은 반드시 종이 폭이 부족한 부분을 다른 종이로 이어 붙였다. 그리고 이어 놓은 것을 분석하는 것이 흥미로운 정보를 가져다 주었다.

먼저 실제 사례 2개를 살펴보자. 모두 胆澤城跡(岩手縣 水澤市)에서 출토된 것이다.

II-3. '古文孝經'(胆澤城 제26호 문서, 실측도)

(1) 胆澤城跡 제26호 문서

둘로 접은 상태로 폐기되었던 것이다. 펼쳐보면 하반부가 약간 결손되어 있는데 전체 모양이 원형인 것을 잘 알 수 있다. 칠 용기의 추정 지름은 약 31㎝이다. 보충한 종이補紙는 본지本紙에 대해서 직교하는 형태이다. 문서의 내용은 '고문효경古文孝經'(다음 장 제1절 참조)이다.

'고문효경'은 22장으로 구성되는데 본지에 적혀 있는 것은 '庶人章六', '孝平章七'이 주로, 이외에 '士章五'의 몇 글자, '三才章八'의 제일 처음 부분이다. 이것에 대해서 補紙는 本紙에 있는 '三才章八'에 이어지는 몇 행 뒤 부분이다.


### (2) 胆澤城跡 제10호 문서

이것도 둘로 접은 상태로 폐기된 것이다. 칠용기의 추정 지름은 약 25㎝이다. 補紙가 本紙에 대해서 직교하는 형태인 점은 (1)과 같다. 이 단편은 嘉祥 元年(848)의 달력(구주력具注曆)이다. 본지는 2월 18일부터 29일까지 부분과 3월 처음 부분이다. 보충했던 종이는 2월 14·15일 이틀의 일부이다.

(1)(2)는 확실하게 동일문서를 덧대어 붙인 것이며 연속하는 것이었다고 파악된다. 이음매 부분에 감추어져 있는 부분과 조그마한 결손을 고려한다면, 바로 이어지지 않는 것이 당연하다. 아마도 두루마리 상태의 문서를 끝에서 순서대로 사용한 것이 틀림없다.

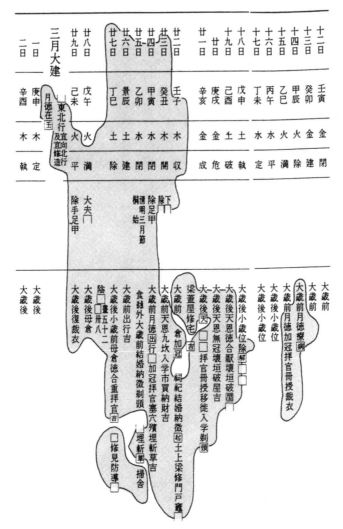

Ⅱ-4. '具注曆'(胆澤城 제10호 문서)의 복원

## 종이 이음매 패턴

칠지문서의 종이 이음매를 상세히 관찰하면, 결코 똑같지 않은 것을 알 수 있다. 다음과 같이 세 가지로 나눌 수 있다.

(1) 이음매는 문서의 행과 평행하다. 이음매의 폭은 약 0.2~0.3㎝ 정도이다.

(2) 이음매는 문서의 행과 평행하다. 이음매의 폭은 약 1㎝로, 문서 첫머리의 앞부분, 문서 말단의 뒤쪽이다.

(3) 이음매는 문서의 행과 평행하거나 직교(위쪽 종이가 아래쪽 종이를 덮는 경우도 많다)한다. 이음매의 폭은 약 2㎝이다.

(1)이 제일 정연하고 (3)은 조금 조잡하며, (2)는 그 중간이다. 위에서 예를 든 담택성에서 출토된 2점은 말할 필요도 없이 (3)이다. 이와 같은 차이점은 대체 무엇을 의미하는 것일까. 실은 칠 용기에 맞추어 종이를 덧붙인 것은 (3)뿐이며 (1)(2)는 그 전 단계에 이미 붙였던 것이다.

(1)은 현존하는 정창원문서에 사례가 있는 것처럼 문서작성 전에 붙인 것이다. 즉 호적 등의 장부를 만들 때는 사전에 종이(종이의 폭은 약 2자 = 60㎝)를 몇 십 매나 이어 붙여 둔다. 그렇다면 (2)는 무엇인가.

다하성에서 출토된 칠지문서에 (2)와 (3)의 흔적이 동시에 보이는 절호의 자료가 있으니 그 검토를 통해서 (2)의 성격을 생각해보고자 한다.

## 관청의 문서정리방법

'다하성 터 제2 · 3 · 4 · 24호문서'라고 정리되어 있는 칠지문서가 있다. 실은 이것이 서장에서 말했던 '30㎝ 사방 이상'의 '가죽상태의 유물'이다. 정확하게 계측해보니 약 36×40㎝로 4점의 문서가 붙어 있었다. 현재 상태에서는 거의 중앙에 해당하는 부분에 폭 2㎝정도의 이음매가 있다. 제2호 · 제3호 문서 위에 제4호 · 제24호 문서가 붙어 있는 형태로 되어 있고 이것은 (3), 즉 '종이덮개'로 사용하기 위해 덧대었다. 문서의 방향으로 보면 역방향으로 붙어 있다. (2)에 해당하는 것은 제2호 문서와 제3호 문서, 그리고 제4호 문서와 제24호 문서를 덧댄 방식이다. 전자에서는 제2호 문서를 위로 하고 후자에서는 제4호 문서를 위로 제24호 문서의 'ㄱ解 申請粮穀事' 부분 오른쪽 폭 약1㎝ 정도가 겹쳐져 단단히 붙여져 있었다.

그렇다면 각각의 문서내용은 어떠한 것인가. 해독문을 게재하였다. 이어놓은 방법이 의미하는 것은 문서의 성격과 깊게 관계하고 있기 때문이다(□는 해독불능).

[第2號文書]

者□使□郡運送□

〔粮?〕
□穀郡宣承知始來□

　　　　〔差?〕
者謹依符旨□□

□　　　　　　　　　　　　　　　　　□

····························[접은 금]····························

　　　　　　寶龜十一年九月十七日

□磐城臣　　　千□□　主政外□

　　　　　　　　　擬主政□

　　　　□　　　　□

[第3號文書]

　　　　　*
□郡司解　申進上兵馬馬子粮米事

　　　　　　馬子八人部領一人合□

□斛貳斗貳升

　　　　〔起?〕　　　　〔廿?〕
　　　□九月九日迄□九日□

---

• **군사郡司**: 율령제하 지방관. 전통적인 지방호족이 임명되어 군 정부를 담당했다. 대령(大領, 장
관), 소령(少領, 차관), 주장(主帳, 판관判官), 주정(主政, 주전主典) 사등관이 있었다.

　　　　⊐長大伴部廣椅

　　　　　　寶龜十一年⊏

　　　　　〔田?〕
　　　　⊐□□


## [第4號文書]

　　　　　　〔以?〕
　　　⊐鳥麻□□解

　　　　　　　　　　　　　寶⊏

大領外正六位上勳十等丈部竜麻呂

　　　　　　═⊐部病

　　　　　　　　　〔別筆〕
　　　　　　　　　‘同月⊏’

## [第24號文書]

　　　⊐解　申請粮穀事

　⊐斛二斗　□九月十日

　　　　　　　〔代?〕
　══⊐　══⊐□

　⊐火⊏

제2호 문서는 첫머리가 빠졌지만, 날짜는 확실히 남아있다. 날짜 다음에 오는 '⊐磐城臣干匸'의 '干匸'은 스스로 서명한 것이다. 바로 아래에 '주정主政'이라고 되어 있기 때문에 이 문서는 磐城郡司의 解文[*](上申書)임에 틀림없다(군사의 관제는 大領·小領·主政·主帳이다). 제3호 문서는 첫머리에 적혀 있는 것처럼 군사(군명은 알 수 없다)의 해문이다. 날짜는 월일이 없어졌다. 제4호 문서는 첫머리 및 서명(대령으로 있음)으로 보아 군사(이것도 군명 미상)의 해문이다. 연월일은 '寶'라는 한 문자만 남아 있다. 제24호 문서는 해문이라는 것만 알 수 있고 날짜는 월일만 알 수 있다.

여기에서 알 수 있는 것은 모두 군사의 해문이라는 점과 이음매가 첫머리 오른쪽 혹은 말미 서명부분의 왼쪽에 접하고 있다는 것이다. 이 것은 대체 무엇을 의미하는 것일까. 관련된 문서를 한통마다 연이어 붙였다고 밖에 생각할 수 없다. 즉 종이를 이어 붙인 것은 문서를 작성하기 전이 아니라, 작성된 문서를 이어 붙인 것이다. 관청에서 발행한 문서나 받은 문서를 정리·보존하기 위해 이어붙인 것이었을 가능성이 높다.

관청에서 문서정리를 위해 이어붙이는 작업을 했다는 것은 정창원

---

• 반성군磐城郡: 육오국陸奧國 남부 태평양 쪽에 있는 군. 현재 복도현福島縣 이와키시いわき市.

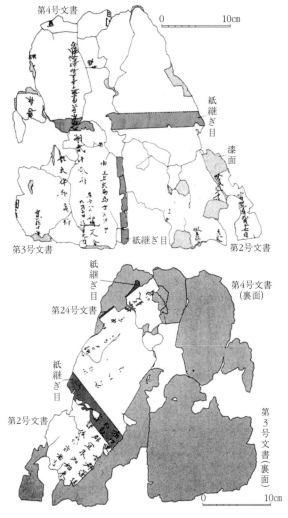

第4号文書

0　　　　　　　　10cm

紙継ぎ目

漆面

第3号文書

紙継ぎ目

第2号文書

紙継ぎ目

第24号文書

紙継ぎ目

第2号文書

第4号文書
(裏面)

第3号文書(裏面)

0　　　　　　　　10cm

II-5. 이음매의 패턴

문서에서 이미 알려져 있었다. 게다가 정창원문서를 연구한 도노(東野 治之) 씨는 흥미로운 지적을 했다. 붙이는 방법이 예외없이 오른쪽 종이가 위로 되어 있는 것은, 축에 붙어 있는 종이 한 장이 원래 있고, 새로운 문서를 순차적으로 그 오른쪽에 붙였기 때문이며, 보통 두루마리와는 반대로 오른쪽으로 돌려 말은 형태였다는 것이다. 다하성의 칠지문서도 우측 종이가 위로 되어 있다. 이러한 점에서도 앞의 추측은 증명된다.

## 결락부분을 추리하다

관청에서 정리된 일련의 문서로 간주할 수 있다면, 결실된 부분을 추측할 수 있게 된다. 앞의 다하성 문서를 다시 한 번 살펴보자.

제3호 문서의 경우, '寶龜 11年'이라는 연대만 남아있고, 월일은 남아있지 않다. 다만, 본문 중에 청구기간으로 '九月九日迄九日'로 되어 있고, 청구기간 직전이나 직후에 문서가 발행되는 것이 일반적이기 때문에 문서의 날짜는 9월 9일의 며칠 전이나 29일의 며칠 후로 추측된

---

• 東野治之:「金光明寺写経所における反故文書の利用について」『正倉院文書と木簡の研究』塙書房, 1977년.

다. 그런데, 제2호 문서의 날짜가 '寶龜十一年九月十七日'이며 제3호 문서 위에 붙여져 있기 때문에 이것보다 먼저 발행되었다고 생각되며, 날짜는 9월 상순으로 추측할 수 있다.

제4호·제24호 문서도 본래 제2호·제3호 문서의 오른쪽 혹은 왼쪽에 붙여져 있었다고 생각하는 것이 자연스럽기 때문에, 제4호 문서의 '寶'가 '寶龜'인 것은 틀림없다. 또 '九月十日' 밖에 알 수 없는 제24호 문서도 寶龜 11年 9월이라고 볼 수 있다.

## 새로운 과제해명을 위하여

붙어있는 4점의 문서가 모두 '寶龜 11年 9월'의 것이며, 또 일부는 이미 붙여져 있었다는 사실은 무엇을 나타내는 것인가.

아마도 두루마리 형태 그대로의 문서가 휴지로 관청에서 옻칠 장인에게 불하되어 '종이덮개'로 이용되었을 것이다. 옻칠 장인은 옆에 문서를 그대로 쌓아놓은 것이 아니라, 두루마리상태의 문서를 마치 '랩 필름'과 같이 사용한 것이 아닐까. 그래야만, (2)의 이음매뿐만 아니라 (3)의 경우에도 동시기의 문서가 붙어 있을 수 있는 것이다.

율령에는 <sup>*</sup>공문서 보관규정이 있으며 문서내용에 따라서 보존기간도 정해져 있다(예를 들면 호적은 30년간). 그렇지만 중앙관청은 차치

하더라도 지방 관청의 실태는 어떠했는지 밝혀져 있지 않다. 종이의 이음매를 추리하는 과정에서 나는 당시 지방의 관청 책장에는 내용별로 제전(題箋, 인덱스)을 붙인 두루마리 문서가 나란히 놓여 있는 광경이 떠올랐다. 아직 지방관청에서 문서의 정리·보존 및 휴지가 불하된 루트는 알 수 없지만, 칠지문서가 지방 행정기관 자체를 해명하기 위한 한줄기의 광명을 준 것이다.

문서의 성격과 내용이 깊은 관련을 가지고 있고 거의 동시기에 작성된 것을 이어서 붙여진 것이라고 보는 것이 큰 잘못이 아니라면, 설령 출토된 칠지문서가 작은 단편이라 하더라도 거기에 남겨진 문자 이상의 내용을 추측할 수 있다. 종이의 이음매는 우리들에게 여러 가지 정보를 제공해 준다.

• **공문서 보관규정**: 양로호령養老戶令 22조에 「凡戶籍 恒留五比」로 규정되어 있다. 오비五比는 다섯 번이라는 뜻. 호적은 6년에 한번 작성하기 때문에 보관기간은 30년간이다.

Ⅲ

교과서와 달력

칠지문서의 출토광경(胆澤城蹟)

# 1. 폐기된 교과서

## 출전은 무엇인가

1984년 1월 31일, 나는 岩手縣 水澤市 교육위원회로부터 胆澤城 跡에서 칠지문서가 발견되었다는 보고를 받았다. 재빨리 현지를 방문했지만, 육안으로는 거의 문자를 확인할 수 없었다. 이럴 때에는 적외선 텔레비전이 필요하다. 조사는 장치가 있는 盛岡市의 岩手縣立博物館에서 실시하게 되었다.

깜깜한 방에 틀어박혀 텔레비전 화상을 관찰하고 있다 보니 문자군이 떠올랐다. 문자군은 대소 두 그룹으로 나눠진다. 크기가 다른 대소문자로 적혀 있는 문서라면 떠오르는 것이 한적漢籍의 주석서注釈書이다. 『日本國見在書目錄』이라는 리스트에 의하면, 9세기 말 일본에 존재하고 있던 한적의 수는 16,790권이다. 그 중의 한 점임에 틀림 없겠지만, 겨우 31㎝의 단편으로 그 한 점을 찾아낼 수 있을까. 이 문서는 이어 붙여져 있으며 판독된 문자는 다음과 같다.

位　□祀非　□□

□春生夏長秋收冬藏□

之業稼穡爲務審因四時就物地宜

播殖百榖挾其槍刈脩其壟畝脫

露□塗足少而暂　□休焉是故

學　不

謹身□　　養父母

□而能

□　奢也爲不　　患不爲□

□財□足以恭事其親此庶人之所

下至□庶人　故者故上陳

孝亡臬乱而

孝五章之□

也　行孝道尊卑一□□□□□　以常也必有

能終始者必及患禍矣故爲君而惠爲父而慈

四者人之大々節□在身雖有小過不爲不孝爲君

• 『일본국견재서목록日本國見在書目錄』: 891년경 등원좌세藤原佐世가 편찬한 칙선 한적漢籍 목록. 당시 일본에 존재한 16,000권 이상의 한적 서목을 기록했다.

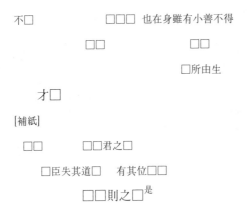

不□ 　　　　　□□□ 也在身雖有小善不得

　　　　□□ 　　　　　　□□

　　　　　　　　　□所由生

才□

[補紙]

□□ 　　□□君之□

　　□臣失其道□ 　有其位□□

　　　□□則之□<sup>是</sup>


　실마리는 '孝道尊卑' 운운 등의 기재로, 孝經에 관계된 것이라고
예상할 수 있다. 효경은 공자가 제자인 증삼曾參에게 효도에 대해 말
한 것을 증삼의 문인이 기록한 것으로, 경서(유학의 경전)의 하나이
다. 그 자리에서는 확인할 수 없었기 때문에 내가 근무하는 역박(국립
역사민속박물관)으로 돌아가서 조사하기로 하고 盛岡에서 돌아오기
로 했다.

　그런데 동북신간선 안에서 이들 문자가 머리에서 떠나지 않았다.
답답한 생각을 계속 품고 있던 나는 다음날인 역박에서의 조사를 기
다리지 못하고 우에노[上野]에 도착하자마자 간다[神田]로 향했다.
중국 전문 고서점으로 직행해서 효경의 주석서를 찾아보려고 한 것이
다. 관련되는 책을 살펴보니 경문은 역시 효경이었다. 일단 안심하였

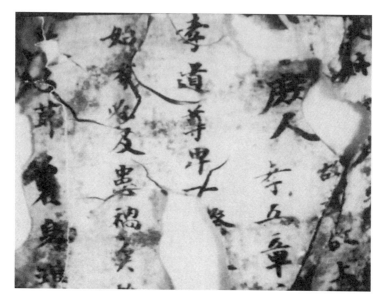

Ⅲ-1. 효경관계문서인지(부분)

지만, 注의 문장은 서점에서 본 『효경정주孝經鄭注』와 『효경주소孝經
注疏』와는 달랐다. 역시 역박에서 조사할 수밖에 없었다.

### '고문효경古文孝經'의 주석서인 것이 밝혀졌다

결국 다음날 역박 조사로 출전이 판명되었다. 京都府 三千院<sup>*</sup>이
소장하고 있는 建治 3年(1277)에 서사된 '고문효경'의 영인본과 대조

해보니 칠지문서 문자군과 완전히 일치하였다. 즉 '고문효경공자전古
文孝經孔子傳'이었다.

효경은 여러 기묘한 운명을 거쳐 오늘날까지 남을 수 있었다. 진시
황제가 시행한 분서 때에도 하마터면 없어질 뻔했지만, 안지顔芝라는
인물이 숨겨서 화를 피했다고 한다. 게다가 前漢 武帝의 시대, 魯의
恭王이 공자의 舊宅 벽에서 다른 효경을 얻었다. 안지의 책은 18장으
로 되어 있고, 공자의 舊宅에서 나온 책은 22장으로 되어 있다. 전자
는 今文(隷書)으로 기록되어 있기 때문에 '今文孝經'이라고 하고, 후
자는 古文(科斗文字)로 기록되어 있기 때문에 '古文孝經'이라고 한다
(양자를 비교하면 '古文孝經'에 있는 '閨房章'이 '今文孝經'에 없고, 장
을 나누는 것에 약간의 차이가 있는 정도로 내용적으로는 큰 차이가
없다). 그리고 전자에 대해서는 後漢의 鄭玄의 주(鄭注), 후자에 대해
서는 前漢의 孔安國의 주(孔傳)라고 하는 것이 대표적 주석서로 되어
있다.

일본에 효경이 전래된 것은 오래전이며 이미 推古天皇 12年(604)
聖德太子의 17조 헌법 속에 인용되어 있다. 율령제도에서는 효경을
특히 중요시하여 학생은 반드시 논어·효경을 겸수할 것, 효경을 배

• **삼천원三千院**: 경도시京都市 좌경구左京區에 있는 천태종天台宗 사찰.

울 때는 孔傳, 鄭注를 사용해야 한다고 규정되어 있다(學令5·6條). 또 天平寶字 元年(757) 孝謙天皇은 唐 玄宗의 조칙 반포를 본떠서 집마다 효경 한 권을 갖추어 놓도록 천하에 조칙하였다.

胆澤城에서 출토된 칠지문서는 孔安國이 주를 붙인 '古文孝經', 즉 '古文孝經孔子傳'의 사본이며, 두루마리 형태로 보존되어 있는 것의 일부를 잘라낸 것이다. 그리고 이 사료는 출전이 명확해짐과 동시에 여러 가지 정보를 제공해 주었다.

## 삼천원본三千院本과 비교하여 복원하다

서체를 보면, 나라시대 중반부터 후반에 걸친 것이다. 현존하는 사본 중에서 제일 오래된 年紀를 가진 것은 愛知縣 猿投神社 소장본인 建久 6年(1195)의 것이다. 그다음에 仁治 2年(1241) 淸原敎隆이 서사한 것(兵庫縣 武田長兵衛氏 소장), 그리고 建治 3年의 삼천원본이다. 모두 '古文孝經'이다. 또한 年紀가 없는 單簡이지만 나라시대의 것으로 추정되고 있는 4장이 있는데, 나 자신은 나라시대 일본에서 서사된 것은 그 중 한 장의 '孔序斷簡'(序 부분 습자) 뿐이라고 생각한다. 어쨌든 연기가 명확한 것으로는 제일 오래된 것이라고 하더라도 가마쿠라 시대[鎌倉時代]이기 때문에, 귀중한 서지적 사료의 출현임

子曰因天之旹就地之利

天時謂春生夏長秋收冬藏地利謂原隰水陸各宜也庶人

謹身節用以養父母此庶人之孝也

子曰故自天子

以下至于庶人孝亡終始而患不及者未之有也

曰甚才孝之大也

子曰夫孝天之経也地之誼也民之行也

天地之経而民是則之也

Ⅲ-2. 「고문효경」의 복원

에 틀림없다.

먼저 특징적인 점은 한장 한장을 구분하지 않다는 것, 즉 장을 나누지 않은 채 전체를 쭉 써놓은 것이다. 이것은 삼천원본이 장마다 행을 바꾸는 것과 다르다. 또한 그 까닭으로 삼천원본과 대조하여 1행의 문자수를 알 수 있으며 원래 적혀져 있는 한 쪽 전체를 복원할 수 있었다(Ⅲ-2그림). 다행히 종이 상부 일부가 남아 있어 천계天界 최상부의 계선을 확인할 수 있었고, 여러 행의 행두부분을 알 수 있었기 때문이다. 약 7㎜ 크기의 문자인 주만 있을 경우, 1행은 28문자이다. 실제로 그 자수로 삼천원본을 참고하여 텍스트를 다시 만들어 보면 나열된 글자가 완전히 일치한다. 남은 획이 적기 때문에 읽을 수 없었던 문자도 이를 통해 판독할 수 있었다.

## 왜 폐기되었던 것일까

나라시대의 사본이라는 추정이 맞으면 胆澤城의 조영은 延曆 12年(802)이기 때문에 서사는 조영에 앞선 것이 된다. 즉, 후에 반입된 것이다. '고문효경'이 교과서였고, 통상 행정문서와는 달랐기 때문일 것이다.

그렇다면 왜 폐기되었던 것인지가 문제가 된다. 함께 출토된 토기 연대로 보아 폐기된 것은 9세기 중엽이다. 시간이 지나면 불필요하게 되는 행정문서와는 달리 교과서는 항구적인 가치를 가진 것이기 때문에 보존되는 것이 일반적이다. 왜 옷칠 장인에게 불하되어 종이덮개로 사용된 것일까.

먼저 생각할 수 있는 가설은 장기간 사용되어 파손이 매우 심하였기 때문에 폐기되었다는 것이다. 이것은 당연히 상정할 수 있는 것으로 어떤 문서에도 해당될 수 있다. 게다가 이 경우는 나라시대 중반이 지나서 만들어져, 9세기 중반에 폐기되었던 것이기 때문에 거의 100년간 사용되었다. 그렇지만 폐기된 시기를 고려하면 그런 일반적 사정에 그치지 않았을 가능성도 떠오른다. 그 사정은 다음과 같다.

고대 중국에서 공정이주孔鄭二注의 진위 논쟁이 거론되어 점차 다툼이 격화되었기 때문에 당 현종은 722年(開元 10) 스스로 '어주효경御注孝經' 한 권을 만들었다. 이것을 받아들여 일본에서도 淸和天皇이 貞觀 2年(860) 조칙을 내려 종래 사용하고 있던 孔傳·鄭注를 중지하고, 현종의 '어주'를 사용하기로 했다. 공정이주를 개인적으로 학습해도 된다고 부언되어 있다고 해도, 공무의 의식(御讀書始·釋奠 등)에서는 '어주'를 사용하기로 한 것이다. 어독서시는 천황·황태자·친왕·황자 및 귀족의 자제가 7~8세가 될 때 처음으로 경서를 읽는 법을 박사로부터 배우는 의식이며, 석전은 공자에게 제사지내는 大典으로, 2월과 8월 상순의 정일丁日에 大學寮에서 행해져 경서를 강의했다. 어독서시도 석전도 가장 중요한 경서는 효경이었다. [*] 林秀一 씨는 '어주' 채용을 '우리나라 효경 전래사상에 특필할 만한 중대 사건'이라고

---

• 林秀一 : 『孝經』 中国古典新書, 1981년.

지적하고 있다.

이 영향은 국부國府에도 미쳤을 것이다. 국부에서도 석전 의식이 중앙의 방법을 따라 행해지고 있었기 때문이다. 胆澤城은 국부 소재지는 아니었지만, 진수부鎭守府가 두어져 있었기 때문에 "제2의 국부"적인 성격을 가지고 있고, 국부에서 행해진 여러 가지 의식이 행해졌다. 1982년에는 胆澤城跡에서 '국박사國博士'에 관한 칠지문서가 발견되었기 때문에 진수부에서 국박사가 주도하는 석전 의식도 실시되었다고 볼 수 있다. 즉, 이 칠지문서는 貞觀 2年의 制에 의해서 '어주효경'을 사용하기로 되었기 때문에 불필요한 '고문효경공자전'이 폐기되었다는 그런 사정을 보여주는 것이 아닐까.

물론 100년이나 지나면 파손도 심하였을 것이다. 파손되었기 때문에 폐기되었다는 가능성은 부정할 수 없다. 그렇지만 이 칠지문서에 훈점訓点과 써넣은 글씨가 일절 확인되지 않고 또한 빈번하게 이용된 흔적이 엿보이지 않는 것은 중요하다. 이것은 관인들이 스스로 교양을 위해 읽은 것이 아니라, 석전을 비롯한 공식 의식에서만 사용된 것을 나타내는 것이 아닐까. 나는 새로운 텍스트 채용에 의해서 구 텍스트가 버려졌을 가능성이 더 크다고 생각한다. 또 그렇다고 한다면 매우 흥미로운 역사적 사실일 것이다.

# 2. 연대를 추리하다 – 달력 이야기(1)

## 지배의 상징 = 달력

현대생활에서 달력은 없어서는 안 되는 것이다. 모든 장소에 갖춰져 있다고 할 수 있다. 그러나 고대 달력은 지배의 상징이며, 천황이 공간뿐만 아니라 시간을 지배하는 것을 상징했다. 따라서 천황이 신하에게 나누어 주는 것이었고 매우 한정된 범위 안에서만 사용되었다.

중앙의 음양료陰陽寮가 11월 1일, 작성한 다음해 달력 상하 2권(반년 분씩)을 천황에게 올리고, 그 후에 중앙 모든 관청과 제국(국

---

• **음양료陰陽寮**: 율령제 관사의 하나. 천문 관측, 달력 작성, 시보, 이상한 일의 점치기와 보고를 담당한다.

부)에게 각 하나씩 나누기로 되어 있었다. 그렇지만 제국의 경우, 실제로는 국부에서 왕도로 사람을 파견하여 필사하여 가져왔던 것 같다. 그리고 국부에서 마련해 놓은 달력을 국분사國分寺와 郡의 관인들이 서사했다. 이러한 일련의 서사작업은 그 해 안에 끝내야 하기 때문에 매우 급하게 작업해야 했다. 그 작업이 힘든 것임을 보여 주는 것은

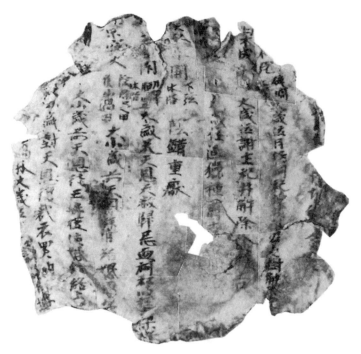

Ⅲ-3. 大浦B 유적 출토 달력

誤字와 誤寫가 많은 것에서 알 수 있다. 정창원에 남아 있는 3점의 달력을 비롯해서 칠지문서의 경우에도 반드시라고 해도 될 정도로 誤寫가 있다. 1989년에 판독한 山形縣 米澤市 大浦B 遺跡에서 출토된 달력(Ⅲ-3그림) 등은 하루가 빠진다는 믿을 수 없을 정도로 엉터리였다.

당시 달력은 구주력具注曆이라고 불리는 것으로 날짜, 간지, 절기

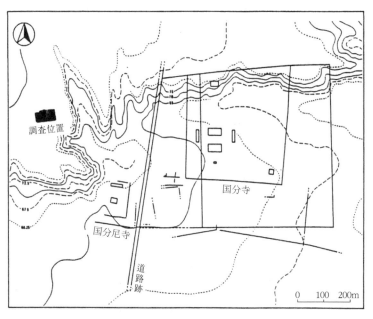

Ⅲ-4. 무장대武藏台 유적 위치

(입춘 · 대한 등), 역주(曆注, 길흉 · 화복 등) 등이 기록되어 있다. 그렇다면 당시 달력은 어떠한 것이며 또 칠지문서가 가르쳐주는 새로운 지견이 무엇인지를 살피겠다.

## 무장武藏 국분사國分寺 관련 유적에서 발견된 달력

1988년, 무장 국분니사國分尼寺터의 북서쪽 東京都 府中市의 도립 부중병원의 부지 내에서 多摩지구 암검진센터 건설공사를 위한 사전조사가 실시되었다. *국분사 및 국분니사의 부속 공방터라고 생각되는 유적이 발견되어, 무장대武藏台 유적이라고 명명되었다. 동쪽으로 인접하고 있는 무장 국분사는 북측의 구릉지대를 배후지로 하고, 남쪽에 접한 가람은 무장국부에서 북쪽으로 2㎞에 위치한다. 최근 동서에 병립하는 국분사와 국분니사 중간지에 폭 12m의 남북으로 뻗은 큰 길이 발견되어 장대한 경관을 지니고 있던 점이 판명되었다. 아마도 국부에서 바라보는 국분사 · 국분니사는 구릉 기슭을 배경으로 朱色 건물들

---

• **국분사國分寺 및 국분니사國分尼寺**: 나라시대 진호국가 사상을 배경으로 각국에 설치된 관사. 741년 성무천황聖武天皇의 발원으로 설치 명령이 내려 8세기 후반 경에는 거의 전국에 건립되었다. 정식으로는 僧寺를 「금광명사천왕호국지사金光明四天王護國之寺」라고 하여 尼寺를 「법화멸죄지사法華滅罪之寺」라고 했다.

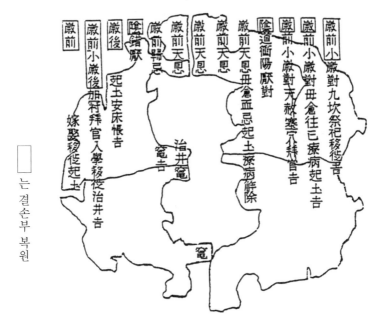

Ⅲ-5. 출토된 달력(실측도). 첫 번째 행 우측의 공백부분 존재가 연대판정의 유력한 증거가 되었다. 본문참조

이 숲을 이루어 서 있는 훌륭한 풍경이었음에 틀림없다. 마치 '국화國華'라고 할 만한 것이었을 것이다.

이 무장대 유적에서 1점, 달력으로 생각되는 칠지문서가 검출되었다(Ⅲ-5그림). 아마 국분사·니사의 조영에 따라 옻칠한 세간이 여기에서 제작되었을 것이다. 필요하지 않게 된 달력이 칠의 종이덮개로 사용된 것이다. 이 칠지는 4중으로 접어진 형태로 투기되었다. 신중하게 잘라 펼쳐보자 역시 칠용기 모양대로 원형이었다. 접혀져 있었기 때문에 안쪽은 거의 풍화되지 않았으며, 묵흔은 육안으로도 선명하게 읽을 수 있었다.

월일도 보이지 않고, 대체 어디가 달력인가라고 느껴질 것이다. 실은 당시 달력은 상단에 날짜와 간지를 쓰고, 중단에 절기(24氣·72候), 하단에 역주曆注가 있었으며 이것은 하단의 역주이다(Ⅱ-4그림 참조).

그렇다면 대체 언제의 달력인가. 어떻게 하면 그것을 추정할 수 있을까.

## 달력의 변천

추리에 들어가기 전에 구주력에 대해서 지금까지 알려져 있는 것을 먼저 정리해보자. 일본에서 구주력은 다음과 같이 변천하였다.

⋮ 元嘉曆

持統 6年(692)

↓ 儀鳳曆

天平寶字 7年(763)

↓ 大衍曆

〈표1〉 절기일람

| 二十四氣 | | 七十二候 | | |
|---|---|---|---|---|
| 立春 | 正月 節 | 東風解凍 | 蟄虫始振 | 魚上氷 |
| 雨水 | 〃 中 | 獺祭魚 | 鴻雁来 | 草木萠動 |
| 驚蟄 | 二月 節 | 桃始華 | 倉庚鳴 | 鷹化為鳩 |
| 春分 | 〃 中 | 玄鳥至 | 雷乃発声 | 始電 |
| 清明 | 三月 節 | 桐始華 | 田鼠化為駕 | 虹始見 |
| 穀雨 | 〃 中 | 萍始生 | 鳴鳩払其羽 | 戴勝降于桑 |
| 立夏 | 四月 節 | 螻蟈鳴 | 蚯蚓出 | 王瓜生 |
| 小滿 | 〃 中 | 苦菜秀 | 靡草死 | 小暑至 |
| 芒種 | 五月 節 | 螳螂生 | 鵙始鳴 | 反舌無声 |
| 夏至 | 〃 中 | 鹿角解 | 蟬始鳴 | 半夏生 |
| 小暑 | 六月 節 | 温風至 | 蟋蟀居壁 | 鷹乃學習 |
| 大暑 | 〃 中 | 腐草為螢 | 土潤溽暑 | 大雨時行 |
| 立秋 | 七月 節 | 涼風至 | 白露降 | 寒蟬鳴 |
| 處暑 | 〃 中 | 鷹乃祭鳥 | 天地始肅 | 禾乃登 |
| 白露 | 八月 節 | 鴻雁来 | 玄鳥帰 | 群鳥養羞 |
| 秋分 | 〃 中 | 雷乃収声 | 蟄虫坏戸 | 水始涸 |
| 寒露 | 九月 節 | 鴻鴈来賓 | 雀入大水為蛤 | 菊有黄華 |
| 霜降 | 〃 中 | 豺乃祭獣 | 草木黄落 | 蟄虫咸俯 |
| 立冬 | 十月 節 | 水始氷 | 地始凍 | 野鶏入水為蜃 |
| 小雪 | 〃 中 | 虹蔵不見 | 天気上勝地気下降 | 閉塞而成冬 |
| 大雪 | 十一月 節 | 鶡鳥不鳴 | 武始交 | 茘挺出 |
| 冬至 | 〃 中 | 蚯蚓結 | 麋角解 | 水泉動 |
| 小寒 | 十二月 節 | 鴈北郷 | 鵲始巣 | 野鶏始雛 |
| 大寒 | 〃 中 | 鶏始乳 | 鷙鳥厲疾 | 水沢腹堅 |

天安 2年(858)

　↓ 五紀曆

貞觀 4年(862)

　↓宣明曆

貞享 元年(1684)


　현존하는 8~9세기의 달력은, 칠지문서를 제외하면 겨우 다음 4개의
사례 밖에 없다. 정창원문서에 남아 있는 天平 18年(746), 天平 21年
(749), 天平勝寶 8年(756)의 3점 및 静岡縣 城山 遺跡에서 출토된 목
간에 쓰인 神龜 6年(729) 달력이다. 모두 儀鳳曆이다. 덧붙여 말하면
지금까지 大衍曆의 실제 사례는 알려지지 않았지만, 다하성에서 출토된
칠지문서 속에 달력이 있고 달의 머리 부분이 남겨져 있기 때문에 寶龜 11
年(780) 즉 大衍曆인 것이 판명되었다(그 후 몇 점이 더 발견되었다). 이
후의 달력으로는 실로 200년 뒤인 寬和 3年(987) 宣明曆 뿐이다.


## 연대를 추리하다


　그럼 드디어 추리에 들어가자. 약간 번거로운 수속을 밟겠지만, 달
력 연대 판정 작업을 어떻게 하는 것인지, III-5 그림 및 표2를 참조하

면서, 함께 참여해 주시기 바란다. 실마리는 먼저 '天恩日'(Ⅲ-5그림, 4~8행), '天赦日'(Ⅲ-5그림, 3행), '歸忌日'(Ⅲ-5그림, 9행)의 관계, 그리고 '往亡日'(Ⅲ-5그림, 2행)이다.

먼저 天恩日(일반적으로 경사에 좋고, 흉사를 피하는 날), 앞에 天赦日(百神이 하늘에 모이는 날로, 모든 일을 피하지 않아도 되는 날)이 나오고 있다. 이 단간의 경우, 天恩日의 첫째 날은 凶會日(나쁜 일이 모이는 날, 길사를 피한다)과의 관계에서 天恩이라는 문자는 기록되어 있지 않다. 天恩日은 5일간으로 표2를 참조하면 3가지 경우가 있고 첫째 날은 甲子·己卯·己酉 중 하나다. 한편 天赦日은 戊寅(봄)·甲午(여름)·戊申(가을)·甲子(겨울)라고 정해져 있기 때문에, 天赦日과 天恩日이 연속하는 것은 戊寅-己卯(봄), 戊申-己酉(가을)로 이어지는 2가지 경우 밖에 없다(戊 다음은 己로, 寅 다음은 卯, 申 다음은 酉). 따라서 봄 혹은 가을이라는 것을 알 수 있다.

天恩日 다음에 歸忌日('天倍星'의 精이 하늘에서 땅으로 내려서 사람의 문호에 거주하는 날. 먼 곳에서의 歸宅·移住·嫁娶 등에는 좋지 않은 날로 되어있다)이 이어져 있다. 이것을 아까 내린 결론에 적용하면 다음과 같다.

[天赦]    [天                 恩]   [歸忌]

[春] 戊寅·己卯·庚辰·辛巳·壬午·癸未·甲申

## 〈표2〉 역주를 붙이는 방법

| 母倉 | 天恩 | 天赦 | 往亡 | 月煞 | 厭対 | 厭 | 九坎 | 歸忌 | 血忌 | 曆注 |
|---|---|---|---|---|---|---|---|---|---|---|
| 節切 | 不斷 | 季節切 | 入節日부터 센다 | " | " | " | " | " | 節切 | 다루는 방법 |
| 子亥 | 甲子・乙丑・丙寅・丁卯・戊辰 | (春)戊寅 | 七日 | 丑 | 辰 | 戌 | 辰 | 丑 | 丑 | 正月 |
| 子亥 | | | 十四日 | 戌 | 卯 | 酉 | 丑 | 寅 | 未 | 二月 |
| 午巳 | | | 廿一日 | 未 | 寅 | 申 | 戌 | 子 | 寅 | 三月 |
| 卯寅 | | (夏)甲午 | 八日 | 辰 | 丑 | 未 | 未 | 丑 | 申 | 四月 |
| 卯寅 | 己卯・庚辰・辛巳・壬午・癸未 | | 十六日 | 丑 | 子 | 午 | 卯 | 寅 | 卯 | 五月 |
| 午巳 | | | 廿四日 | 戌 | 亥 | 巳 | 子 | 子 | 酉 | 六月 |
| 辰丑戌夫 | | (秋)戊申 | 九日 | 未 | 戌 | 辰 | 酉 | 丑 | 辰 | 七月 |
| 辰丑戌夫 | | | 十八日 | 辰 | 酉 | 卯 | 午 | 寅 | 戌 | 八月 |
| 午巳 | 己酉・庚戌・辛亥・壬子・癸丑 | | 廿七日 | 丑 | 申 | 寅 | 寅 | 子 | 巳 | 九月 |
| 酉申 | | (冬)甲子 | 十日 | 戌 | 未 | 丑 | 亥 | 丑 | 亥 | 十月 |
| 酉申 | | | 廿日 | 未 | 午 | 子 | 申 | 寅 | 午 | 十一月 |
| 午巳 | | | 卅日 | 辰 | 巳 | 亥 | 巳 | 子 | 子 | 十二月 |

[秋] 戊申 · 己酉 · 庚戌 · 辛亥 · 壬子 · 癸丑 · 甲寅

[天赦]　　　 [天　　　　　　　 恩]　[歸忌]

　　歸忌日은 丑 · 寅 · 子가 3개월마다 반복되기 때문에 歸忌日이 申
이 될 수는 없다. 따라서 甲申은 있을 수 없기 때문에 남은 것은 甲寅
이다. 즉 가을의 달력이다. 가을이라고 한다면 歸忌日이 寅에 해당하
는 것은 8월이기 때문에 달도 결정할 수 있다. 8월이라는 결론은 다른
데이터와도 모순되지 않는다. 이 추정에 의하면 天恩日 첫째 날과 같
은 날의 '厭對日'이 己酉, 天恩日 둘째 날이 '血忌日'로 庚戌, 天赦日
전날의 '母倉日'이 丁未, 전전날의 '九坎日'이 丙午로 되는데, 이것은 표
2를 보면 명확해지는 것처럼 8월 달력과 일치하고 있다.

　　다음은 몇 년 8월인가를 생각해야 한다. 추정의 근거가 되는 것은
'往亡日'(出行을 피하는 날. 특히 입학 · 결혼 · 이사 · 乘船 등에 좋
지 않은 날)이다. 往亡日은 각 월의 立節日(절기에 들어가는 날)부터
의 일수가 다 다르기 때문에 연대 판정에 유력한 수단이 된다. 8월의
경우 왕망일은 입절일에서 18일 후이다. 이 단간에서는 往亡日은 母
倉日과 같은 날로, 지금까지 추정한 것에 미루어 보면 丁未에 해당한
다. 丁未의 18일 전, 즉 庚寅이 8월의 立節日 = '八月節白露'가 되는
것은 몇 년인가. 湯淺吉美編『日本曆日便覽』을 이용해서 검색해 보

면 다음 4개의 연도가 나온다.

天平 6年(734)

天平寶字 元年(天平勝寶 9年)(757)

承和 4年(837)

貞觀 2年(860)

이 중 貞觀 2年의 경우는 위에서 8월 天赦日로서 확정한 戌申이 9월 1일이므로 해당되지 않는다. 또 이 경우에는 戌申 전에 '九月小' 운운이라는 월초의 표시가 있을 것이니 해당되지 않는다. 남은 것은 3개이다. 天平 六年曆이라면 8월 18일~30일, 天平寶字 元年이면 閏 8월 1일~13일, 承和 四年曆이라면 8월 15일~27일이 된다. 그렇다면 어느 해가 해당될까.

여기에서 주목할 것은 일부분 밖에 남지 않은 초행 부분이다. 그 부분은 글자가 없고, 공백이었다. 역주 하부에 큰 공백이 있는 것은 天恩日 初日이 '陰陽衝陽厭對' 밖에 없었던 것처럼 凶會日에 해당하는 경우이다. 그렇지만 天平 6年 8월 17일 乙巳, 承和 4年 8월 14일 乙巳는 모두 凶會日에 해당되지 않는다. 일부분 밖에 남지 않았기 때문에 단정할 수는 없지만, 이것은 월초 부분으로 할서割書 항목 간에 생긴 공백이 아니었을까. 天平寶字 元年의 경우, 월초이며 모순이 안 생긴다.

이렇게 해서, 天平寶字 元年 8월의 달력이라고 추정되었다(天平寶字 元年은 8월 18일에 개원되었기 때문에 정확하게는 天平勝寶九年曆으로 해야 할 것이다). 그렇다 하더라도 마지막 추정 근거는 겨우 1㎝인 공백부분의 존재였다. 혹 이 부분이 결실되어 있었더라면, 연대를 하나로 결정하는 객관적 근거는 없어졌을 것이다. 발굴조사에서 유물의 취급은 세심하고 더욱더 세심한 주의가 필요하다고 다시 한 번 생각하게 되었다.

## 달력 전체를 복원해 보다

남아있는 달력은 겨우 21㎝이다. 원래는 어느 정도 크기였을까. 나는 이 단편을 근거로 1년간의 달력 전체를 복원해 보았다. 잔존부분의 행간을 참고로 하여 지금까지 알려져 있는 지식을 모아 복원모형을 만들어 본 결과, 전체 길이가 무려 6m 23㎝나 되었다.

이 구주력이 판독된 후 유적 소재지인 東京 府中市에서 개최된 기념강연회에서 나는 이 복원모형을 펼쳐 보였다. 그날 참가자들은 강단의 끝에서 끝까지 꽉 찬 길이를 보고 모두 놀라 탄성을 내었다. 현대에서 사용하는 달력과는 다른 고대에 사용한 두루마리 달력을 조금이나마 실감했을 것이라고 생각한다. 동시에 현존하는 부분은 착색하여 상상해서 복원한 부분과 구별할 수 있도록 했는데, 칠지문서로 남은 조그마한 단편에서 1년간의 달력을 복원할 수 있는 학문의 즐거움과 과정의 소중함도 함께 느낄 수 있었던 것이 아닐까.

## 古代史로의 공헌

무장 국분사 · 니사의 부속 공방에서 발견된 달력이 天平寶字 元年(天平勝寶 9年)으로 추정되는 것은 창건연대를 추정하는 데에도 크게 공헌했다. 이 점도 다루기로 하자.

주지한 것처럼, *국분사 조영의 조칙을 내린 것은 天平 13年(741)이다. 그 때까지 없던 국가적 큰 프로젝트이지만, 개시 직후부터 조영비의 부족과 국사의 태만 때문에 부진을 면치 못하였다. 조정은 이러한 현상을 타개하기 위해 諸國에게 조영을 독촉함과 동시에 조영비를 변통하고 그 지역 유력자의 참가를 적극적으로 요청했다. 이러한 시책

---

• 국분사國分寺 조영의 칙명:『속일본기續日本紀』천평天平 13年(741) 3월 을사조「宜令天下諸國各令敬造七重塔一區 幷寫金字金光明最勝王経 毎塔各令置一部」

에 의해서 국분사 조영은 天平神護 2年(766)경까지는 거의 끝낼 수 있었다고 한다.

무장 국분사의 창건은 天平寶字 元年~2年에 완성되었다고 추정되지만, 그것은 주로 기와 연구에 바탕을 둔 것으로 다음과 같은 여러 설이 있다.

(1) 지붕에 덮인 수많은 기와 속에 군명을 쓴 문자기와가 확인되고 있다. 이것은 기와생산 부담을 나타내는 것으로 무장국 20郡 중에서 신좌군新座郡만 없다. 신좌군은 天平寶字 2年(758) 8월, 한반도에서 도래한 신라 승 32인, 여승 2인, 남자 19인, 여자 21인을 이주시켜서 설립한 신라군新羅郡에 해당한다. 이와 같은 사정을 가지고 있던 신좌군(신라군)만이 확인되지 않는다고 한다면, 이미 天平寶字 2年에는 거의 완성되어 있었을 것이다.

(2) 사용된 기와의 문양은 다양하고, 아무리 봐도 임시변통으로 만든 것 같다. 이것은 天平勝寶 9월(天平寶字 元年) 5월의 聖武太上天皇 1주기의 齋會를 기일로 하여 제국의 국분사 조영을 독촉한 天

---

• **성무태상천황聖武太上天皇**: 태상천황은 양위讓位한 천황한테 추증하는 존호尊號. 성무천황은 749년에 딸인 아배내친왕阿倍内親王(효겸천황孝謙天皇)한테 양위하고 출가했다. 756년에 죽었다.

平勝寶 8年 6월의 조칙을 반영한 것일 것이다. 따라서 완성의 하한은 天平寶字 元年이다.

(3) 무장 국분사 터에서 평성궁계 기와가 출토되고 있다. 이것은 天平勝寶 8年 조칙을 배경으로 무장국 高麗朝臣福信과의 깊은 관계 속에서 도입되었던 새로운 문양 의장이며, 天平寶字 元年에는 거의 완성되어 있었다.

무장대 유적은 부속 공방으로서 옻칠을 바르는 작업을 하였던 것으로 확인되었다. 이것은 건물 건축 중이 아니라 완성된 단계에서 실내의 장식품으로 사용하기 위해 한 것으로 보는 편이 자연스럽다. 이 옻칠 생산의 종이덮개로 사용되었던 휴지 중에서 天平寶字 元年(天平勝寶 9年)의 달력이 있었던 것은 종래의 설을 확실하게 증명한 것이었다. 전국의 국분사에 대해서 창건에 관한 확실한 사료가 제시된 것은 처음이며 그 의의는 크다.

---

• **고려조신복신**高麗朝臣福信: 709~789. 고구려계 도래인. 무장국武藏国 고려군高麗郡 (현재 기옥현埼玉縣) 출신. 본성은 초노공肖奴公. 천평승보天平勝寶 8年 (756)에 무장수武藏守(무장국 장관)에 임명되었다.

# 3. 손톱을 깎는 일에도 날을 가린다
## – 달력 이야기(2)

## 한 장의 종이 앞뒷면에 적힌 달력

1981년, 胆澤城跡의 정청 북동의 관청지구에서 발굴조사가 실시되었다. 이 조사로 북동 가장자리 폭 25㎝의 작은 도랑에서 생각지도 못한 유물이 발견되었다. 한 장의 종이 앞뒤에 적힌 달력 칠지문서였다.

적외선 텔레비전으로 읽어보니, 합쳐서 124문자 각각 5일분의 달력이 있었다. 연월 표기는 없었지만, 계절의 분기점을 나타내는 '立夏四月節/螻蟈鳴', '立冬十月節/水始氷' 등의 어구를 근거로 하여 앞면은 延曆 22年(803) 4월 하순, 뒷면은 延曆 23年 9월 하순으로 밝혀냈다.

『*延喜式』陰陽寮條에는 '頒曆百六十六券料, 紙二千六百五十

六張, 卷別十六張, 有閏月年券別加二張〉'이며, 1권은 16장으로 되어 있음을 알 수 있다. 胆澤城에서 출토된 이 달력은 전술한 무장대 유적의 달력과 비교하면 행간이 넓고, 1년분의 길이는 단순 계산으로 약 9.7m이다. 종이 한 장의 길이를 56~57㎝로 한다면 17장 정도이다. 『延喜式』이 '券別十六張'이라는 것과 거의 부합된다.

필시 1년분을 1권으로 작성하고 그 종이 뒷면을 이용해서 다음해 달력을 적은 사정을 나타내는 것이리라. 실제로 延曆 22年 달력을 기입한 후, 뒷면으로 넘겨서 延曆 23年의 卷首 '歲首'부분을 延曆 22年 12월 종이 뒤에 쓰고 순차적으로 23年 정월 - 22年 11월, 23年 2월 - 22年 閏10월(延曆 22年은 閏 10월이 있다)과 대응시켜 가면, 바로 22年 9월과 23年 4월이 대응한다. 게다가 상순과 하순이 앞뒤로 되어있는 점은 이 추정을 뒷받침하는 것이다.

그러나 왜 뒷면에 적은 것일까. 달력은 그 해가 끝날 때까지 필요한 것이며, 아직 사용하고 있는 달력에 다음해 달력을 베껴 쓴 것이 되어 버린다. 사정은 분명하지 않지만, 어찌되었든 앞뒷면에 달력이 적혀있는 유일한 사례다.

• 『연희식延喜式』: 율령법의 식式(시행세칙)을 집대성한 법전. 927년에 완성되었다. 관사마다 관련 법령을 배열한다.

III-6. 앞뒤에 기록된 달력[上 延曆 22年(803) 4월, 下 延曆23年(804) 9월]

## 손톱을 깎아야 할 날

그런데 延曆 22年 4월의 달력 중에 '亥[七日]/沐浴'이라든지 '丑[九日]/除手甲' 등이 있다. '沐浴'은 말할 필요도 없이 머리와 몸을 씻는 일로, '除手甲'은 손의 甲(손톱)을 깎는 것이다. 이런 것까지 지시한 것이다.

헤이안시대[平安時代] 중반에 성립한 책으로『구조전유계九條殿遺誡』라는 것이 있다. 右大臣까지 올랐던 권력자, 藤原師輔(908~960)가 자손을 위해 써서 남긴 遺訓으로 일상의 세세한 일과 생활태도, 몸에 익혀야할 교양 등이 포함되어 있다. 당시 귀족들의 일상생활을 엿볼 수 있는 귀중한 사료이며 그 중에 달력 이용법도 있다.

일어나서 먼저 屬星의 이름자를 7번 부르고 다음으로 거울을 보고 (의관을 정제하고) 달력을 보아 그 날의 길흉을 지득한다. 다음으로 이쑤시개를 갖고서 서향하여 손을 씻는다. 佛名을 암송하고 늘 존중해야 하는 神社를 기리고 다음으로 어제 일을 기록한다.

다음으로 죽을 먹고 머리를 빗는데 3日에 한 번씩하고 매일 빗지 않는다. 또 손발의 甲을 깎되 丑日에는 손톱을, 寅日에는 발톱을 깎는다.

또한 목욕에 있어서도 날을 가려서 할 것인데 목욕은 5일에 한 번

하도록 한다.

목욕에 대한 길흉에 대해서 黃帝伝에 가로되, 무릇 그 달의 첫째날에 목욕을 하게 되면 短命하고, 8일에 목욕하면 命이 길어지며 11일에 목욕하면 눈이 밝아지고 18일은 도적을 만나게 된다. 午日에 목욕하면 愛敬하는 사람을 잃게되고 亥日은 치욕을 당할 수 있다 …… 云云 되어 있다. 惡日에는 목욕을 하지 않아야 하는데 그 날은 寅日·辰日·午日·戌日 그리고 下食日 등이다.


이와 같이 쓰기 시작하여, 교훈을 기록해 간다. '屬星'은 陰陽道로 자신의 생년 간지에 해당하는 별이다. 그 이름을 부른 후 거울로 얼굴을 보고, 그리고 달력을 보라고 하는 것이다. '楊枝'는 이를 쑤시기 위한 것이다. 그 후 3일에 한번 머리를 빗으라든지, 丑日에는 손톱, 寅日에는 발톱을 깎는 것이 좋다든지, 목욕은 5일에 한번 하라든지, 정말로 세세한 지시가 이어지고 있다. 독자도 느꼈을 것이지만, 胆澤城에서 출토된 달력의 기재, '戊子[八日]/上弦後沐浴"丑/除手甲'(Ⅲ-6 도면 참조)은『구조전유계』와 거의 일치한다. 달력에 기록된 주기가 일상생활을 규제하고 있는 것을 증명하고 있다.

胆澤城에 온 坂上田村麻呂*는 달력의 길흉을 어떻게 생각했을까. 이 달력을 보면서 목욕하고, 손톱과 발톱을 깎고, 그리고 城柵 등 조영사업의 착공 일을 정하였을까. 상상하는 것만으로도 유쾌하다.

## 달력의 여백에 써넣은 일기

『구조전유계』에는 '어제의 일을 기록하라'라고 적혀있다. 즉 일기를 쓰라는 것이다. 그리고 그 일기는 달력 여백에 쓰는 것이었다. 후일에 참고하기 위해 매일 일어난 일을 자세하고 꼼꼼하게 기록한 것이다.

그 때문에 귀족의 일기는 '역曆'이라는 이름이 붙여지는 경우가 많다. 藤原師輔 자신의 일기가 『九曆』이며, 關白 藤原史實(1078~1162)의 일기는 『殿曆』, 또 그 차남인 保元의 난에서 죽은 藤原賴長(1120~1156)의 일기 『台記』는 『曆記』라는 다른 이름이 있다는 등이다. 藤原道長(966~1027)의 일기로 유명한 『御堂關白記』도 역시 달력 여백에 써넣은 것이었다.

이 때 날과 날 사이의 간격을 두는 달력(間明き曆)이었기 때문에 일기를 써넣을 수 있었다. 이러한 달력이 등장한 것은, 현존하는 것으로 보아 10세기 후반부터이다. 공백행이 있으면, 일정과 일기를 쓰는

---

• **판상전촌마려坂上田村麻呂:** 758~811. 헤이안시대 초기 무인. 하이蝦夷 정토 전공으로 정이대장군征夷大將軍이 되어 802년에는 육오국陸奧國 담택(胆澤, 현재 암수현岩手縣 오주시奧州市)을 평정하여 담택성을 조영하여 진수부鎭守府를 다하성多賀城에서 담택성으로 옮겼다.

데 편리하다는 점을 알게 되었기 때문에 간격을 두는 행수도 점차 늘어났다.

이와 관련하여, 정창원에 남아 있는 제일 오래된 달력은 天平 18年 (746) 2월 7일부터 3월 29일까지 53일간의 단편이지만, 여기에도 10군데에 글씨가 써넣어져 있다. 대부분은 공적인 사건을 기입한 것이다. 예를 들면 3월 7일의 기재, '進白龜尾張王授五位又天下六位以下初位以上加一級及種種有階'가 있다. 『續日本記』에 의하면 이 날 聖武天皇이 다음과 같은 조칙을 내리고 있다. "右京의 사람, 尾張王이 '白龜'를 얻었다. 이것은 대서(大瑞, 매우 경사스러운 길조)이다. 6位 이하의 사람은 1급을 올리고, 孝子順孫 · 義夫節貴 · 力田(개인의 힘으로 경지를 개발한 농민)은 2급을 올린다. 正6位 이상은 금년의 조세를 면한다. 거북의 발견자 尾張王은 특별히 從5位下로 벼슬을 올리고, 거북이 나온 河內郡 古市鄉 사람들은 금년의 조세를 면제한다"고 하였다. 즉 조칙의 요점을 써넣은 것이다. 한편 사적인 일도 써넣었다. 3월 11일 기재는 '沓着始, 又女沓買得, 又冠着始'. 봄 3월을 맞이하여, 신을 새로 만들어 신고, 관을 쓴 관인이 벚꽃이 깔려있는 도성의 큰 길을 걷는 모습이 눈에 떠오르는 것 같다.

일상생활을
말해 주는 문서

曆의 행간에 써 넣어져 있는
習書(鹿の子C 유적) 본장 2절 참조

# 1. 출장지에서의 편지

## 役人의 편지가 남아 있었다

고대의 *出羽지방을 다스린 중심시설은 秋田城이다. 이 秋田城跡 (秋田縣秋田市)에서 1990년 하급관원下級役人이 출장지에서 제출한 편지가 거의 완전한 형태로 1,200년 만에 우리들 눈앞에 등장했다.

謹啓
勘函釜壹口 在南大室
囷囦若有忘怠未收者乙可

---

• **출우지방出羽地方:** 현재 추전현秋田縣 및 산형현山形縣.

令早勘收隨恩得便付國□

□緣謹啓

五月六日卯時自蚶形驛申㊤

竹田繼㊞

　秋田城에 근무하는 竹田繼依라는 役人이 釜(철제 또는 동제)의 수납을 확인하기 위해서 蚶形地方으로 출장을 간 것 같다. "釜 1개 확인을 마쳤지만, 잊어버리거나 깜빡해서 未收한 물건이 있을지도 모르기 때문에 다시 한 번 그 점을 지시하고 싶다"라는 내용이다.

　蚶形(蚶方)은 에도시대[江戶時代]에 *松尾芭蕉가 방문해서 '象潟や雨に西施がねぶの花'(『奧の細道』)라고 읊었던 象潟에 해당한다 (秋田縣 由利郡 象潟町. 위치는 V-3그림 참조). 이와 관련해서 蚶은 피조개(아카가이)의 옛 이름 키사가이를 말한다. 日本海에 접하고 象潟의 근처에서 釜를 자세히 조사하여 몰수勘收했다고 한다면, 이 釜는 製鹽用일 것이다. 해수를 농축해서 만든 진한 鹽水(鹹水)을 끓여서 結晶鹽을 골라내는 '煎熬'用의 金屬製의 大釜이다(結晶鹽의 수분을 제거하기 위해서 사용한다는 설도 있다). 正倉院文書 중의 天平 9

---

• **송미파초松尾芭蕉**: 1644~1694. 에도시대 전기 배인俳人. 동북, 북륙지방을 여행했을 때의 기행문인 『奧の細道』가 유명하다.

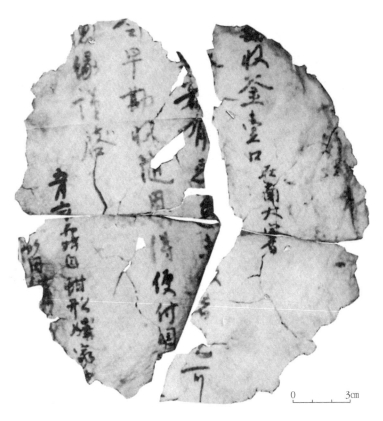

IV-1. 하급 役人의 편지

年(737)의 『*長門國正稅帳*』에서는 '煎鹽鐵釜一口'가 기입되어 있고, 이 크기는 직경 5尺 8寸(약 174㎝), 두께 5寸(약 15㎝), 깊이 1寸( 약 3㎝)이었다. 즉 크고 얇다.

'國□'은 아마도 國使(국내를 순회하는 國府의 役人)일 것이다. '卯時(오후 5시~7시)'였기 때문에 竹田繼依는 아침 驛家에서 제일 빨리 출발하는 國使에게 부탁하여, 이 편지를 秋田城으로 보낸 것이다.

## 封하는 방법이 확인되었다

흥미롭게도 이 편지에는 '上書'까지 남겨져 있다. 수신처는 '介御館'의 '務所'이다. 스케[介]는 次官, 務所는 정사소政事所(마츠리고토 도코로) 즉 사무를 행하는 곳이다. 발송인이 '竹繼'인 것은 말할 필요도 없고 이것은 竹田繼依의 통칭(약칭)이다. 최근 출토된 長岡京 목간 중에서 이러한 통칭을 사용한 흥미로운 사례가 있다. 미아를 찾는 *告知札로 미아가 된 아이는 11살의 '錦麻呂'字名(통칭)을 '錦本'이라고 일부러 기입하고 있다.

---

- 장문국長門國: 현재 산구현山口縣.
- 정세장正稅帳: 율령제하 공문서의 하나. 제국이 매년 작성한 정세 수지결산보고서.

하지만 내가 무엇보다 놀란 것은 편지를 말아 封(切封)을 한 흔적까지 명료하게 남아있는 것이었다. 切封은 편지를 왼쪽에서 오른쪽으로 말아, 용지 오른쪽 끝을 가늘게 자른 것을 끈으로 하여 돌려서 그 위에 봉한 자리(봉한 印)를 찍은 것이다. 이런 방법으로 말았다고 한다면, 여는 것과 동시에 안의 내용을 읽을 수 있다. 역으로 말았을 경우에는 전체를 다 펼치지 않으면 읽을 수 없기 때문에 합리적인 방법이라고 할 수 있다. 그런데 正倉院文書 등에서는 역방향으로 말은 방법이 있어, 고대에는 그처럼 말았다는 설이 있다. 하지만 이 문서의 출현으로 반드시 꼭 그렇지만은 않다는 점을 알 수 있었다.

종이끈의 폭은 약 1cm, '館'의 하반부 중반부분과 '封'자의 扁부분과 旁(오른쪽 부분)부분 사이의 공백이 이를 나타낸다(IV-2 그림 참조). 즉 '封'자는 돌려서 오른쪽 편, 紙의 왼쪽 끝의 旁과 떨어져 있지만, 이것은 편지를 다 말았을 때 종이의 끝이 겹쳐진 부분에 걸쳐 '封'이라고 적혀있기 때문이다. 이와 같은 점에서 편지를 말은 폭까지 완전히 복원할 수 있었다(3.3cm이다).

이 이야기에 관계되는 封에 얽힌 이야기를 하고자 한다. 고대 중국

---

• **고지찰告知札**: 목간의 일종으로 미아나 말, 소 등 유실물 수색원이나 금제를 쓰고 사람들이 오가는 장소에 게시하여 왕래하는 사람들에 고지한 목찰. 평성경平城京이나 장강경長岡京 등에서 출토되었다.

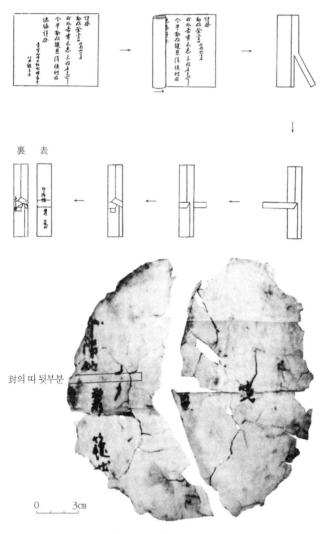

封의 띠 뒷부분

0    3cm

IV-2. 봉투 봉합방법(上)과 '竹繼' 上書(下)

에서는 편지의 윗덮개가 되는 목간을 '檢'이라고 하고 한매 더 겹쳐 본문의 목간을 덮어서 끈으로 묶었다. 그리고 封의 매듭 위에 진흙을 발라 덜 마른 상태에서 印을 찍는다. 진흙이 마르면 부서지지 않는 한 내용을 볼 수 없다. 이것은 '封泥'라고 불린 방법이다. 일본에서는 아직 그 사례를 확인할 수 없었지만, 최근 각지에서 출토되는 목간에서 흥미로운 사례가 나왔다. 종이문서를 보낼때 문서를 넣은 상자 위에 목간을 놓거나 혹은 목간과의 사이에 문서를 한 장 더 끼워서 끈으로 묶었다. 그 끈 위 목간에 '封'이라고 기록하는 것이다. 따라서 개봉하면 문자가 끈의 부분만 공백이 되는 구조이다.

## 驛家의 생활

竹田繼依는 介館에게서 답장이 돌아오기까지 그 驛家에 머물렀을 것이다. 驛家는 都에서 7道 諸國으로 통하는 각 도로에 설치된 것으로 간선도로 상에서 30리(약 16㎞)마다 두어져 왕래하는 사절이 그

---

- **칠도七道**: 고대에 설치된 광역 행정단위. 서울에 가까운 대화(大和, 현재 나랑현奈良縣)·산성(山城, 현재 경도부京都府)·하내河内·섭진攝津·화천(和泉, 이상 현재 대판부大阪府) 5국을 기내로 하여 그 이외 제국을 동해도東海道·동산도東山道·북륙도北陸道·산음도山陰道·산양도山陽道·남해도南海道·서해도西海道 칠도七道로 나눠 서울에서 도마다 간선도로를 만들었다.

곳에서 구비된 驛馬와 인부를 이용하는 것이다. 驛家에서는 門이 갖추어져 있고 驛名(여기에서는 '蚶形')을 기입한 木札이 걸렸다. 驛家 안에서 말을 매어두는 마구간, 驛子(驛馬의 사육과 이를 이용하는 役人의 시중을 드는 관계자)가 대기하는 곳, 驛使나 從者의 숙박·휴식소, 취사시설 그리고 벼·술·소금 등을 수납한 부속창고 등의 시설이 있었을 터였다.

고대의 驛家가 교통기능뿐만이 아니라, 우편기능 및 숙박기능을 겸하는 다목적 시설이었던 것을 이 편지는 이야기하고 있다. 아마도 竹田繼依는 답장을 기다리는 동안 불안한 마음으로 驛家에서 하루하루를 보냈을 것이다. 이러한 지방의 하급 役人의 모습이 눈에 선하다.

## 紙背에 그려진 희화戲畵

현재에도 칠지문서 발견의 소식은 잇따르고 본서 집필 중에도 계속 사료가 확인되고 있다. 驛家의 이야기에 관련하여 최근 출토된 흥미로운 사료를 소개하고자 한다. 1993년 5월, 埼玉県 所澤市의 東の上 유적에서 발견된 말의 희화이다.

매우 작은 파편으로 다 사용한 달력의 뒷면에 그려져 있었다. 유감스럽게도 달력의 연대는 알 수 없다. 동물의 머리 부분부터 胴部에 걸

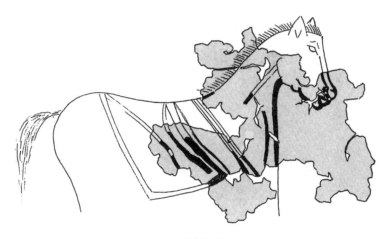

IV-3. 말의 희화 복원

쳐서 선이 남겨 있고, 콧잔등 · 머리 · 안장의 일부가 확연한 붓놀림으로 먹을 사용하여 그려져 있다. 浜松市 伊場 유적과 奈良市 長屋王邸跡에서 출토된 繪馬를 참고하여 복원한 결과 말의 희화인 것이 판명된 것이다. 칠지에 그림이 그려져 있는 것이 발견된 것은 처음이다.

東の上 유적은 武藏國分寺에서 발견된 東山道 武藏路跡을 직선으로 약 16㎞ 북상한 곳에 있다. 東の上 유적에서는 이미 약 12m 폭의 도로유적이 검출되었고, 율령제도에서는 30里마다 驛을 설치하게 되어있기 때문에 驛家였을 가능성도 있다. 도로주변에서는 많은 건물과 공방 등의 유구가 발견되었다. 그리고 같은 해 11월, 이 유적의 연

장선상에서 다음 驛家에 해당하는 지점(川越市 八幡前・若宮遺跡)에서 발굴조사가 행해졌는데, 놀란 만한 것으로 '驛長'이라고 기록된 묵서토기가 출토되었다.

驛家에서는 많은 말이 있었을 터였다. 그림을 그릴 줄 아는 어느 인물이 驛家에서 본 말을 무심코 스케치한 것일까. 회화라고 하더라도 그 묘선은 가볍고, 붓의 움직임은 능란하다. 하지만 당시에는 이러한 회화기술을 가진 사람들은 전문 화가가 아니면 이에 가까운 기술을 가진 사람으로 한정되어 있다. 그리고 대부분의 화가는 고구려와 신라에서 도래한 사람들이었다.

고대의 武藏國은 한반도에서 도래한 도래인이 이주한 지역으로 알려져 있다. 일찍이『日本書紀』, 天武 13年(685) 5月條에 "백제인을 武藏國에 두었다"가 보인다.『續日本記』靈龜 2年(716) 5月條에서는 "駿河・甲斐와 坂東 등 7개국의 고려인 1,799명을 武藏國으로 옮겨와, 高麗郡을 설치한다"로 되어, 현재의 埼玉縣 日高市의 高麗川을 따라 형성된 舊 高麗村 일대가 그 중심이었다고 추정된다(日高市에서는 고려왕 若光을 祭神으로 하는 高麗神社가 鎭坐하고 있다). 또 天平寶字 2年(758)에는 武藏國에서 신라승을 이주시켜, 新羅郡(『和

• **역장驛長**: 율령제하에 설치된 역가驛家의 장.

名類聚抄』에서는 新座郡이 있다)이 설치되었다.

혹 이 회화를 그린 사람은 이와 같은 도래인 중 한명이었을까.

- 고려왕약광高麗王若光: ?~748. 무장국(武藏國, 현재 동경도東京都와 기옥현埼玉縣 일부)을 본거
지로 한 고려씨高麗氏의 시조로 전하는 사람. 기옥현 일고시日高市 고려신사高麗神社 사전社伝에
의하면 천무조(天武朝, 7세기 후반)에 일본에 와서 고려인의 수장이 되어 무장국 고려군(高麗郡,
현재 기옥현 일고시 일대)을 만들어 748년에 죽었다고 한다.
- 『화명류취초和名類聚抄』: 10세기 전반 경에 성립한 백과사전. 원순源順이 편찬했다. 한어 명사
를 분류하여 일본말로 읽는 법을 만엽가명万葉假名으로 표시한다. 또 전국 국명, 군명, 향명을 열
기한 권이 있어 헤이안시대 행정지명을 알기 위해 귀중한 문헌이다.

# 2. 習書 후

## 목간에 기록된 『文選』의 習書

나에게는 고대의 習書에 대한 잊기 힘든 경험이 있다. 칠지문서가 아니라 목간이었지만, 먼저 이 이야기부터 시작하고자 한다.

1978년 秋田城跡의 발굴조사에서 대규모의 우물이 발견되었다. 파 들어간 면이 직경 4.3m, 깊이 5.4m나 되었다. 여기서는 『續日本記』天平 5年(733) 12月條의 '出羽柵을 秋田村의 高淸水岡에 옮겨 설치했다'라는 기사에서 증명되는 목간 등 귀중한 자료가 많은 수 발견되었지만, 목간의 판독에 있어서 나는 같은 우물에서 출토된 다음 목간이 매우 마음에 걸렸다.

(앞)

而察察察察察察察察察之之之之之之之之灼灼灼灼灼灼若若

(뒤)

若若若若若若蕖蕖蕖出綠綠波波波波醲醲醲醲

어떤 典籍의 일부를 습자한 것이 아닐까라는 생각을 계속하면서
도 이것이 무엇일까. 끝끝내 알 수 없었다.

그런데 어느 날, 이 목간의 釋文을 본 上代 文學연구의 일인자, 小
島憲之 씨로부터 자문을 받았다. 『文選』 제19장에 수록되어 있는
「洛神賦」의 한 구절이지 않은가라는 것이다. 이 자문에 따라서 『文
選』의 해당 부분을 보았을 때의 충격은 지금도 잊혀지지 않는다.

追而察之灼若芙蕖出淥波 襛纖得衷脩短合度

作者는 三國時代의 영웅으로 저명한 曹操의 아들 曹植이다. 落水
강가에서 일찍이 사랑했던 甄皇后를 그리워하며 읊은 것이라고 한다.

나는 小島 씨의 자문에 의해서 의문이 해명된 밤, 나 자신의 얕은
지식을 부끄러워하면서도 흥분으로 인해 잠을 들지 못했다. 그리고
小島 씨의 답장 안에 이것을 솔직히 고백했다. 그 후 小島 씨는 그의

저서에 다음과 같이 적었기 때문에 다시금 죄송하게 여겨졌다.

"그(히라카와의) 답신에 잠이 안 들 정도로 흥분한 채 밤을 새웠다고 한 것은, 역시 사학자로서 엄격함을 잃지 않으면서도 즐거운 밤을 보냈을 것이라 할 수 있을 것이다.(『万葉以前-上代人の表現』)"

『文選』은 6세기에 성립된 중국의 시문집이다. 周에서 梁에 이르는 천 년간의 詩文이 選錄되어 있으며 당시 일본의 지식인들에게는 필독서였다. 이 습자 흔적은 당시 북쪽 변방의 出羽國 秋田城內에서 執務하는 관인들의 소양 일부분을 보여주는 것이다.

## 칠지문서의 경우

胆澤城 출토의 칠지문서 중에서 이러한 예가 있다.

묵의 濃淡으로 여러번 겹쳐 쓰고 있으며, 「文選券 第二」 등을 적고 있다고 하면, 「見見見……」, 그리고 「賝」 등이라고 적혀 있다. 「見」은 「親」이라는 字의 旁부분의 연습을 한 것이며, 「賝」을 扁과 旁을 바꿔서 넣어 연습한 것이다.

앞서 서술했던 것처럼, 종이는 귀중품이었기 때문에 習書의 재료를 얻는 것도 간단하지 않았다. 經紙(寫經用紙) 한 장이 2文, 凡紙(일반

용지)가 1文이었다고 이미 서술했듯이, 役所에서 다 사용한 휴지 종이도 上質의 종이인 경우, *都의 東西市에서 한 장에 0.5文으로 팔릴 정도였다. 따라서 여백을 가능한 최대로 이용했다. 그 중 가장 여백을 잘 이용한 예가 鹿の子C 유적(茨城縣 石岡市)출토의 칠지문서 중에 있다. 鹿の子지구는 *常陸國의 國府에 근접한 지역으로 1980년, 常盤 자동차도로 건설과 함께 발굴조사가 실시된 곳이다. 國府附屬 工房跡이라고 추정되는 전국적으로도 최대 규모의 工房跡이 발견되어 이제까지 최대량의 칠지문서가 검출되었다.

앞면은 常陸國 久慈郡 어느 鄕의 호적, 뒷면는 延曆 9年(790)의 曆이다. 이 호적은 郡役所 단계에서 작성된 것으로 보존할 필요가 없다. 호적은 6년마다 만드는 것으로 되어 있으며, 延曆 9年에 제일 가까운 호적을 만든 해는 延曆 9年이기 때문에, 호적을 만든 후 8년이 지나면 폐기되어 그 해 연말에 종이 뒷면에 9년의 달력이 書寫된 것이다. 그런데 그 행간·여백에 빽빽이 習書가 되어 있다. 적혀 있는 문자는 예를 들면,「附日匚　ㄱ進上如件宜」으로, 공문서의 상용구이다. 이는 에도시대의 寺子屋의 습자와 다른 점이 없다.

---

- **서울의 동서시東西市**: 평성경平城京에 설치된 관영 시장. 좌경左京에 동시東市 우경右京에 서시西市가 있어 다양한 물자를 팔고 있었다.
- **상륙국常陸国**: 현재 자성현茨城縣.

## 굽다리 접시 고배高杯 다리의 習書

고대의 役人들이 習書로 사용한 재료는 나무와 종이에 한정되어 있다. 토기·기와·瓦塼(煉瓦) 등도 이용되었다. 나의 習書에 대한 좀 '이상한' 관심은 다소 탈선하여, 다음의 묵서에 기울게 되었다. 多賀城跡의 외곽 東邊에서 발견된 목제 高杯의 脚部에 쓰인 것이다.

```
執執執執執
執  无无无先
〔天?失?〕
□    天□□
〔天?夫?〕〔天?〕
□    □
劣囜遠道
大
天道
□
大 ▭
        〔道?〕
        □□
□□
```

〔道?〕
□
□ 執

한번만 봐서는 전혀 맥락이 없는 習書이다. 앞에서 살펴 본 「洛神賦」처럼 習書한 문자가 문장을 이룰 경우에는 出典을 알아내면 이론을 제기할 여지가 없다. 그러나 이 경우는 어떻게 보더라도 문장을 형성하고 있지 않다. 어디까지나 하나의 가능성이지만 나는 「樂毅論」을 하나의 후보로 두고 싶다. 「樂毅論」은 魏의 夏侯玄이 樂毅(전국시대 燕의 장군)에 대해서 논한 문장으로 東晋의 書家 王羲之가 이것을 楷書體로 적은 것이기 때문에 왕희지의 해서 견본으로 당시 가장 중요시되었던 것이다.

夫求古賢之意宜以大者遠者先之必迂廻
而難通然後已焉可也今樂氏之趣或者其
未盡乎而多劣之是使前賢失指於將來
不亦惜哉觀樂生遺燕惠王書其殆庶乎
機合乎道以終始者興其喩昭王臼伊尹放 (下略)

'大', '先', '天', '无' 및 추정문자인 '夫', '失'은 매우 유사한 문자이기 때문에 골라서 習書한 의미는 충분히 있을 것이다. '執'은 공교롭게도 보이지 않는다. 다소 자의적 해석이지만, '執'자가 習書의 起点으로 정연하게 쓰기 시작해서 오른쪽 부근에서 '執'자로 끝났다는 점으로 미루어본다면 무엇인가 다른 의미를 가졌다고도 고려할 수 있다.

어찌되었든 「樂毅論」의 본문 30행 중에서 제일 앞 5행 중에서 이 習書의 대부분 문자가 나온다. 게다가 '遠', '劣', '道' 등은 習書에서 빈번하게 나오는 문자가 아니다. 문장이 없는 애석함으로 마지막까지 추측의 영역에서 나올 수 없었지만, 나는 이 習書의 출전을 「樂毅論」으로 하고 싶다. 어떨는지.

## 習書의 중요성

習書는 단순히 낙서라고만 볼 수 없다. 습서의 내용이 유적의 성격을 단적으로 보여주며 또한 자료적 가치도 높다. 또 단순한 문자의 반복 안에서도 여러 가지 정보를 읽어 낼 수 있다.

고대의 役人은 「刀筆の吏」라고 불린 것처럼, 문서작성을 직무로 하였다. 행정문서를 작성하고 필요한 여러 문자를 연습하거나 하는 習書 하나하나에 율령국가의 지방행정 일부분을 짊어지는 그들의 하루하루의 정진이 숨겨져 있다. 또 가까이 텍스트를 놓고 臨書하거나 암송한 文學의 한 구절을 떠올리면서 이어서 쩗曊한 경우도 있을 것이다. 나에게 있어서 「습서」이 두 개의 문자는 이후에도 뇌리를 떠나지 않을 것이다.

# 3. 구구단九九算의 보급

## 10년간 자고 있었던 사료

奧羽산맥에서 흘러 들어오는 碁石川은 풍부한 수량을 자랑하였으나, 1964년 이를 막는 釜房댐(宮城縣 柴田郡 川崎町내) 건설이 결정되었다. 다음해 댐공사와 함께 호수 아래에 수몰되는 지역의 유적 분포조사가 행해졌다. 그 결과 토기편이 넓게 산포되어 유적의 존재가 확인되었다. 하지만 발굴조사가 행해진 것은 댐 준공직전, 1970년 2월 20일부터 25일까지 5일간에 불과했다. 현재로서는 생각할 수도 없는 단기간의 조사이다.

이 유적(下窪遺跡)은 두 개 하천의 합류점 부근, 동서로 이어진 가늘고 긴 하안단구 상에 입지하고 있었다. 발굴조사 결과, 죠몬시대 유

칠지문서

칠지문서　　　　칠제품

IV-4. 발굴된 주거지와 漆紙가 부착된 토기의 출토상황(下窪遺跡)

물에서 근세의 묘까지 발굴되었는데, 고대의 유구는 헤이안시대 초기의 수혈 주거지 1채 뿐이었다. 동서 4m, 남북 3.9m로 매우 일반적인 규모이며, 출토된 토기의 연대는 9세기 후반에서 10세기 전반이었다.

이 住居址에서 출토된 유물은 철제 刀子, 사각 盆狀의 칠기, 가죽 제품 일부 등 하나의 주거지에서 출토된 것으로는 그 종류가 다양하였다. 그리고 주거지의 바닥면에서 須惠器(도질토기)의 내측에 칠을 바른 상태의 종이가 확인되었고, 보고서에서는 '토기의 안에서 떡과 같은 물건이 보존되어 있었다'라고 기록되어 있다. 조사가 끝나자, '떡과 같은 물건'은 다른 유물과 함께 한쪽 편에 쌓여서 거의 10년이 경과되었다.

## 九九가 적혀 있었다

1978년 多賀城跡에서 칠지문서의 존재가 판명된 것을 계기로 이 '떡처럼 뭉쳐진 물건'도 혹시 칠지문서일지도 모른다는 기대가 생겨나 그해 가을에 조사하게 되었다. 조사한 결과, 틀림없이 칠지문서였다. 종이는 표면이 울퉁불퉁하고 다갈색으로 언뜻 보아 풍화한 가죽 같은 느낌이었다. 토기에 부착된 상태는 1973년에 多賀城에서 발견된 計帳樣文書(序章 참조)와 매우 흡사하였다. 漆塗 작업의 과정에서

漆을 토기에 바르고 남은 漆이 넣어진 물건에 종이로 덮어놓은 채로 함께 硬化되어 버렸기 때문에 방치 또는 폐기된 것이다.

　육안으로는 판독할 수 없었지만, 적외선 텔레비전을 이용하여 문자를 볼 수 있었다.


　(앞)
　九九八十一　八▭▭
　　　　　　便▭▭
　(옻칠면)
　▭▭自女


　겉면에「九九八十一……」이 보이며, 뒷면 문자는 활자가 역(左文字)으로 보인다. 그리고 비교해보니 활자가 역으로 보이는 것(左文字)이 묵흔이 진하고 선명하게 확인되었다. 이것은 앞면의 풍화가 진행되어 부분적으로 옅게 되었기 때문이다. 서체를 보면 면이 비교적 크고 가벼운 붓놀림인 것에 반해서 漆面은 굵은 글씨로 정연한 해서체였다. 아마 활자가 역(左文字)으로 보이는 문서가 원래 문서로「九九八十一……」은 뒷면을 사용한 문서일 것이다.

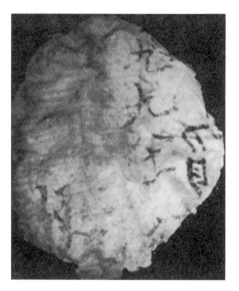

IV-5. 구구단이 기록된 문서(下窟遺跡)

본래의 문서라고 생각되는 'ㄱ自女'는 여성 이름인 것만 알 수 있을 뿐이며, 어떠한 문서인지 판별할 수 없다. 여기에서 재미있는 것은 「九九八十一……」이라고 적힌 것이다. 곱셈의 구구단인 점을 알 수 있다. 당시 구구단은 사람들에게 어느 정도 보급되어 있었던 것일까.

## 萬葉集과 목간에 나타난 구구단

일본에 수학이 전래된 것은 天·文·曆·토목·조세 등의 계산이 필요했기 때문이다. 율령체제 하에서는 *大學寮에 算博士 2명을 두고 算生 30명으로 정해져 있었다. 算生은 중국에서 전해진 『孫子』『五曹』『九章』『海島』『六章』『綴術』『三開重差』『周髀』『九司』를 교과서로 하였는데, 특히 『孫子算經』에 九九가 열기되어 있었다.

구구단의 보급도를 단적으로 보여주는 예는 먼저 萬葉集의 歌속에서 보이는 表記이다.

若草乃新手枕乎　巻始而　夜哉将間　二八十一不在国(권11, 2542번)

---

• 대학료大學寮: 율령제하 관사의 하나. 교육과 관리 양성을 담당했다.

즉, 「二八十一」은 九九=八十一을 사용해서 「にくく(니쿠쿠)」로 읽도록 낙서한 것이다. 이러한 종류의 예는 다른 곳에서도 많이 보여진다.

如是二二知三(かくし知らさむ)(권6, 906번)
十六履起之(鹿猪履み起し)(권9, 926번)
不知二五寸許瀬(不知とを聞こせ)(권11, 2710번)
八十一隣之宮(くくりの宮)(권13, 3242번)

말할 필요도 없이, 「二二」를 「四=し」, 「十六」을 「四四=しし(鹿猪)」, 「二五」를 「一〇=とお」, 「八十一」을 「九九=くく」라고 읽었던 것이다.

게다가 근년의 발굴조사에서 구구단에 관련된 목간이 많은 수 발견되었다.

五七丗五 二七十四〔하략〕(평성궁 제44차 조사 출토 목간)
七九六十三 六十二(등원궁 제24차 조사 출토 목간)

일본의 고대, 구구단은 널리 알려져 있었던 것이다.

# 九九에 둘러싸인 이야기

그런데 당시의 구구단은 99라는 이름 그대로 9×9부터 시작되었다. 현재의 암기법과 반대이다. 『孫子算經』은 「九九八十一」에서 시작해서, 「二二而四」로 끝나고 있어 萬葉人이 암송하고 있던 구구도 같았을 것이다.

헤이안시대, 저명한 학자·시인이었던 源爲憲이라는 인물이 天祿元年(970), 藤原爲光의 장남 松雄君을 위해 公家의 상식을 가르치는 초보적 교과서 『口遊』을 만들었다. 그 내용에 다음과 같은 구구단이 게재되어 있다.

九九八十一　八九七十二　七九六十三　六九五十四〔중략〕二九十八　一九九

八八六十四　七八五十六〔중략〕二二四　一二二　一一一　謂之九九

九九 다음은 八九이다. 앞의 下窪遺跡의 칠지문서도 「九九八十一」다음에 「八」이라는 문자만이 남아 있지만, 이것도 「八九七十二」가 있는 것을 나타내는 것이다.

그런데 헤이안시대의 『口遊』에서는 1단이 있지만, 『孫子算經』이 「二二而四」로 끝나고 있는 것처럼 예전에는 1단이 없었다. 실제로 고대중국의 구구단에는 1단이 없었던 것 같다. 敦煌에서 구구단이 써진 목간이 발견되고, 羅振玉씨가 고증을 하였는데(羅振玉 · 王國維 共著 『流沙墜簡』), 그것에 의하면 漢代의 구구단은 「九九八十一」부터 「二二而四」까지로 「一一而一」에서 「一九而九」의 1단이 빠져 있다고 한다.

## 呪句로서도 이용되었다

고대의 자료는 아니지만, 奈良의 元興寺 極樂坊에는 지하에서 발견한 민속자료로서 木札=物忌札이 35점 傳存되고, 그 중에 구구단이 적혀진 것이 있다. 예를 들면 應永 6年(1399) 5월 年紀를 가진 木札이다. 이것은 길이 35.4㎝, 최대 폭 6.6㎝, 최소 폭 2.4㎝, 두께 0.4

---

- 원흥사元興寺 극락방極樂坊: 원흥사는 나량현奈良縣 나량시奈良市에 있는 8세기 이래의 사찰. 중세에 가람 대부분이 소실되었으나 그 후에 극락방이 중심이 되어 현재에 이른다. 원흥사 극락방은 가마쿠라시대에 원흥사 승방을 개조하여 만든 염불도장으로써 중세 서민 신앙의 중심지로 번창했다.
- 물기찰物忌札: 물기란 괴아나 악몽이 있을 때 음양사에 점치게 하여 그 결과에 따라 문을 닫아 집 안에 틀어박히는 것을 말한다. 그 때 그 기간임을 나타내기 위해 「물기物忌」 등으로 쓰고 문에 게시한 목찰을 물기찰이라고 한다.

㎝이다. 머리부분은 산 형태로 끝을 뾰족하게 했다.

(앞)

九九八十一

㞢      急急如律令

二十七九八

(뒤)

應永六年五月日

㞢는 梵字로 그 아래에 呪句「急急如律令」이 적혀 있다.「二十七九八」은 八九七十二를 아래위 반대(天地逆)로 기록한 것이다.* 和田萃 씨에 의하면 物忌札 외에 衆人愛敬守(자신이 사모하는 사람을 독점하기 위한 주문을 기록한 부적)에서도「九九八十一」이라고 적힌 사례가 있고, 이는 단순히 곱셈의 九九를 의미한 것 아니라 陽數의 최대수 9를 9번 더한 것으로 얻을 수 있는 합계를 나타내는 呪句의 일종이라고 한다. 이와 같이「八九七十二」도 呪句이며 陰數의 최대수 八을 9번 더한 합계를 나타낸 것이다.

그러나 下窪遺跡에서 출토된 칠지문서의 경우는 呪句였다고 생각

---

• **和田萃**:「呪符木簡の系譜」『日本古代の儀礼と祭祀・信仰』塙書房, 1995년.

하기 어렵다. 다른 것과 같이 구구단의 연습이라고 봐야 한다고 생각한다. 왜냐하면 元興寺의 物忌札은 木札인것에 비해서 종이에 적혀져 있는 것이며 게다가 紙背에 적었을 가능성이 높다. 주술적 내용을 기록하고 효력을 기대한 것으로는 부자연스러운 것이기 때문이다.

## 下窪遺蹟의 의의

九九가 기록된 칠지문서가 발견된 의의는 크다. 먼저 관청지구 이외의 일반 集落跡에서 칠지문서가 출토된 최초의 사례이다. 集落에서 漆塗작업이 행해졌다고 한다면 앞으로 集落跡에서 칠지문서가 발견될 가능성은 크다. 실제 '가죽제품'으로 보았던 내용물은 약한 상태였기 때문에 수습할 수 없었던 점이 있지만, 칠지문서였을 가능성이 크다고 발굴담당자는 말하고 있다. 출토유물 속에 있었던 盆狀의 칠기도 어쩌면 集落 내에서 생산된 제품이었을지도 모른다.

다만, 九九가 기록된 칠지문서 출토로 일반 집락에까지 구구단이 보급되었다고 단정 지을 수는 없다. 集落의 주민이 사용한 종이의 휴지였는지, 그렇지 않다면 集落 밖에서 조달된 휴지였는지 판정할 수 없기 때문이다.

# 4. 생각하지도 못한 가나문서假名文書

## 가나문자假名文字의 문서가 출토되다

　多賀城에서 大畑지구라고 이르는 城內에서는 가장 넓은 평탄지가 있다. 1991년 그 일대의 우물 속에서 지름 약 19㎝의 거의 원형에 가까운 칠지가 출토되었다. 여기에 기록되어 있는 것은 헤이안시대 초기에 적힌 히라가나平假名문자이다. 히라가나 字體는 현재의 '變體假名'에 해당하는 것이 많고 萬葉假名의 草體에도 사용되고 있다.

ふ て も
□□□□不天毛□

て な り ぬ
□□承天奈利奴

(일행공백)

(か?)な に の み た つ ぬ と き こ ゆ な と
□奈尓乃美太徒奴止支己由奈止□

　　　　　す よ　　　あ
□■乙□日圓□□須與□□□阿□〔이 행에는 덮어 쓴 것이 있음?〕

　　　　　　□□□□□□□

て む と す れ と も か の　(に)な
□天武度須禮度毛可乃所冏奈□

た れ　　そ て　の　へ は　　き(し)
多禮□衣所天天乃□部者□□支冈

　　(そ)　は す く し て
□圕世者須久之天

(い)か □ に(は?)き こ え
囚可□尓□支己江

　　　　(る?)に　は
　　　　□尓者

　이 문서에는 기년명年紀이 없지만, 함께 출토된 토기 등으로 보아 9세기 중엽에 폐기된 것으로 판단되었다. 내용은 불명확하며 문서의 성격도 밝힐 수 없지만, 國府와 관계된 書記가 적힌 문서일 가능성이 크고 어쩌면 편지일 것이다.

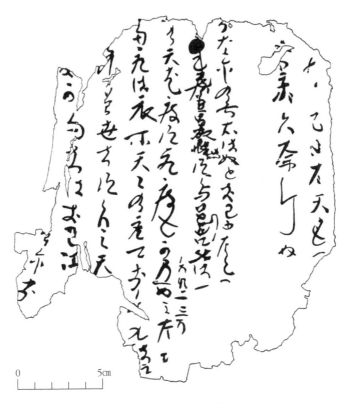

IV-6. 平安初期 假名문자(실측도)

## 國語史의 새로운 연구자료

국어학의 築島裕 씨(中央大學敎授)는 다음과 같이 지적하고 있다.

書寫연대는 헤이안시대 초기, 9세기 중엽을 내려가지 않는다. 그 전후의 시기에 平假名로 표기한 문헌사료가 현존하는 것은 매우 적다. 특히 독립해서 국어문을 표기한 假名文의 예로는 正倉院文書 중에서 나라시대 말기의 天平寶字 6年(762)경의 문서 2통과 그때부터 백년을 사이에 둔 貞觀 9年(867)의 연호인 「讚岐國戶籍」의 端書에 기입된 한 문장이 있는 것에 그치고 있다.

이 시기의 假名文의 문헌으로써 새로운 연구 자료를 학계에 제공하였다. 그렇다치더라도 假名文이 이 시기, 都의 주변뿐만 아니라 넓게는 東國에까지 미친 것을 보여주는 획기적인 자료인 것에는 틀림없다.

V

군단과 병사를 둘러싸고

화살을 맞은 인물(瓦塼畵) 秋田城 유적 출토.
주술적 의미를 지닌 것인가.

## 貢進 대상자의 명부

다음에 게재한 해독문을 봐 주기를 바란다. 그냥 보면 별다를 것 없이 단지 인명을 열거한 문서라고 생각될 것이다. 그렇지만 胆澤城 跡에서 출토된 이 漆紙文書에서 이제까지 알려지지 않았던 귀중한 정보를 읽을 수 있었다(□은 해독불능, ×는 문자 · 기호가 기입되었을 터인데 빠진 부분).

〔本紙〕〔左文字〕

戸口

× ヽ駒椅郷八戸主巫部人永□□×

×□年廿三　　ヽ高椅郷廿五戸主刑部人長戸口

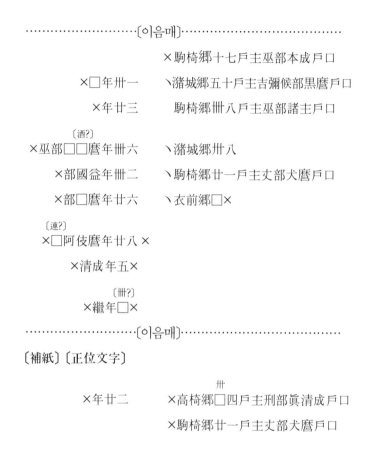

·····························〔이음매〕·····························

×駒椅鄉十七戶主巫部本成戶口

×□年卅一 ＼潞城鄉五十戶主吉彌候部黑麿戶口

×年廿三 駒椅鄉卅八戶主巫部諸主戶口

〔酒?〕
×巫部□□麿年卅六 ＼潞城鄉卅八

×部國益年卅二 ＼駒椅鄉廿一戶主丈部犬麿戶口

×部□麿年廿六 ＼衣前鄉□×

〔連?〕
×□阿伎麿年廿八 ×

×清成年五×

〔卌?〕
×繼年□×

·····························〔이음매〕·····························

〔補紙〕〔正位文字〕

卌
×年廿二 ×高椅鄉□四戶主刑部眞清成戶口

×駒椅鄉廿一戶主丈部犬麿戶口

長徑 약 24㎝, 短徑 약 15㎝이다. 2군데에 종이 이음매가 있다. 이음매의 한 부분은 문서작성 전의 것이며, 다른 부분은 '종이덮개'로 크기가 부족한 부분을 보충하기 위한 것이다. 확인할 수 있는 行은 13行이다. 기재양식은 상단과 하단으로 나뉘어져 있으며 상단은 人名+

年齡(모두 성인남자), 하단은 鄕名+數値+戶主+人名+戶口로 되어 있다. 성년 남자의 인명과 본관지 및 호주명이 기록되어 있어 가장 먼저 떠오르는 것은 사람의 貢進에 관련된 문서이다. 예를 들면 正倉院 文書에서 다음과 같은 부분이 있다.

貢上　　經師一人
刑部稻麻呂　年卅八　上總國市原郡江田鄕　戶主刑部荒人戶口
　　　　　寶龜四年六月四日　　　　　　　　　　　僧興辨

*上総國 출신자인 刑部稻麻呂라는 인물을 東大寺의 經師(寫經生)로 貢進했다는 문서이다. 서식은 이와 합치하고 있다. 貢進 대상자 명부인 것이 틀림없다.

胆澤城은 征夷大將軍 坂上田村麻呂가 蝦夷의 '반란'을 진압한 후 延曆 21年(802)에 축성한 동북경영의 거점이다. 그리고 그때까지 多賀城에 두어진 鎭守府는 胆澤城 건설 후 얼마 되지 않아 胆澤城으로 이동하였다. 이 문서는 흡사 胆澤城에서 근무하는 병사의 명부(兵士歷命簿)였다. 그렇다면 어떠한 사실을 밝힌 것일까.

• **상총국上総國**: 현재 천엽현千葉縣.

V-1. 병사의 명부(실측도)

## '軍團'이란 무엇일까

율령병제의 기본이 되는 조직은 軍團이다. 일반적으로 병사 1,000명으로 구성되고, 國司의 지휘 하에서 軍毅(大毅 1인 · 小毅 2인) - 橋尉(5인)-旅師(10인) - 隊正(20인)이 병사를 통솔했다. 이 외에 사무를 담당하는 직원으로 主帳이 있다. 병사의 생활 · 행동상으로 10인 단위로 구성하며 그 단위를 火[카 카]라고 칭한다. 병사는 각 호마다 正丁(21세~60세의 남자) 3인에서 1인이라는 비율로 징발되어 본관지에서 가까운 군단에 배속된다. 또 병사의 명부(歷名)를 만드는 것이 규정되어 있다(1통은 國府에서 보존). 병사는 군역뿐만 아니라, 치수공사 · 城의 축조 등 토목사업에 혹사당하였다. '名是兵士, 實同役夫(명목은 병사이더라도 실제는 인부와 같다)'가 실상이었다.

그렇지만 律令(軍防令)에 상세한 규정이 있다고 하여도 諸國 군단의 총수와 배치 등 구체적인 것은 자세히 알 수 없다. 지금까지 軍團印이 발견된 사례가 있다고 하지만(筑前國의 遠賀團印 · 御笠團印),* 군단이 제출한 사료는 전혀 전해지지 않고 사료 중에서도 산견되어 개개의 군단명에서 실태를 추측할 수밖에 없다.

• **축전국筑前國:** 현재 복강현福岡縣.

그런데 최근 多賀城·胆澤城 두 유적에서 陸奧國 軍團에 관계된 목간과 칠지문서가 몇 점 출토되었다. 兵士歷名簿에 관한 이야기에 들어가기 전에 몇 개를 살펴보도록 하자(∷∷은 직접 접합하지 않지만, 해당 위치에 있다고 추정되는 단편).


(1) 다하성 목간

〔앞〕

　　　　　　　〔手歷名事〕
　　白河團進上射□□□□　　　　　　火長神

　　　　　　　　　　　〔火長〕
　　　　□守十八人　□□和徳三衣　　人味人

　　合卌四人

〔뒤〕

　　　━━　　　━━

　　　　　　　　　　〔成〕
　　大生部乙虫　□□部嶋□　丈部力男

　　　　　　　　　　　　　　大伴部建良


(2) 다하성 목간

　　安積團解　申□番□□事

　　畢番度玉前劃還本土安積團会津郡番度還

　　(安積団에서 上申함. □番□□의 일임. 番을 마치고 玉前의 관

문을 넘어 本土로 돌아감. 安積団会津郡의 番이 넘어서 돌아감.)


## (3) 다하성 칠지문서

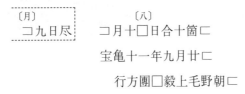

〔月〕
コ九日尽

〔八〕
コ月十□日合十箇□

宝亀十一年九月廿□

行方團□毅上毛野朝□


## (4) 담택성 칠지문서(그림 V-2)

コ員□□　□□　如件以解

延暦廿一年六月廿九日書生宗□

玉造團擬大毅志太□


이상 게재한 사료를 간단하게 설명하겠다. (1)은 *白河軍團의 射
手(활을 쏘는 병사)를 貢進했다고 하는 것이다. 앞면에서 총수(44인)
와 책임자(*火長)의 이름이 있고, 뒷면은 射手의 명부이다.

또한 白河軍團은 神龜 5년(728)에 설치되었다. (2)는 *安積軍團
의 役人이 國府에 올린 上申書로 多賀城에서 당번 근무하고 있던 군

• 백하군단白河軍團: 육오국陸奥國 백하군白河郡(현재 복도현福島縣 백하시白河市 부근)에 설치된
  군단.
• 화장火長: 율령 군방령軍防令에 따르면 병사는 10명으로 화火라는 단위를 이루고 화마다 화장
  1명을 두었다.

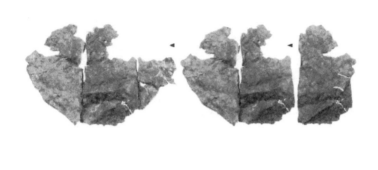

V-2. 군단관계 문서. 접어둔 상태로 폐기된 것을 위와 같이 펴서 문자를 발견했다.

단 소속의 會津郡(현재의 福島縣 會津지방)의 병사가 당번을 마쳤으
니, 玉前關을 넘어서 출신지로 돌아간다고 적혀있다. 玉前은 多賀城
의 南, 현재 宮城縣 岩沼市 南長谷의 玉崎 부근으로 추정된다. 그 곳

은 현재 東北本線과 常磐線이 교차하는 지역으로 고대에도 山道와 海道가 합류하는 요지였기 때문에 關(刻)이 두어진 점은 납득할 수 있다. 문헌사료에서 전혀 기록되지 않은 關의 존재가 이 목간에 의해서 처음으로 밝혀진 것이다. (3)은 解文(上申書)의 일부이다. *行方團 軍毅의 모월某月 9일부터 18일까지 합쳐진 10일분의 公粮請求이다. 行方은 현재 福道縣 相馬지방이라고 생각된다. (4)는 解文의 문장 끝부분이다. 내용은 불명확하지만, *옥조단玉造團이라는 군단명이 있고 의대의(擬大毅, 군단장관=대의의 후보자)가 보이니 군단 관계 해문인 것은 틀림없다. 서명에 '志太□'로 기록되어 있고 玉造郡에 근접한 志太郡의 郡名을 사용하고 있는 점에서 발송인은 아마도 志太郡의 호족일 것이다. 또한 일자가 적혀 있는 延曆 21年(802)은 坂上田村麻呂에 의해서 胆澤城이 조영되었던 해이다.

- **안적군단安積軍團**: 육오국陸奧國 안적군(安積郡, 현재 복도현福島縣 군산시郡山市 부근)에 설치된 군단.
- **행방단行方團**: 육오국陸奧國 행방군(行方郡, 현재 복도현福島縣 상마지방相馬地方)에 설치된 군단.
- **군의軍毅**: 율령제하 군단 지휘관. 대의大毅·소의少毅·의毅 등을 총칭한 말. 많은 경우 군사층 출신자가 임용되었다.
- **옥조단玉造團**: 육오국陸奧國 옥조군(玉造郡, 현재 궁성현宮城縣 고천시古川市 부근).

## 陸奧國의 군단편성

이상에서 게재한 목간·漆紙文書 그리고 胆澤城跡 출토의 '兵士 歷名簿'에서 陸奧國 군단편성의 실태를 어떻게 읽어 낼 수 있을까.

陸奧國의 행정은 胆澤城 건설에 의해, 多賀城(陸奧國府 소재지) 과 胆澤城(鎭守府 소재지)으로 크게 두 개로 나뉘어졌다. 10세기에 만들어진『延喜式』의 國郡일람은 일반적으로 道別로 일정한 순서로 기재되고 있다. 陸奧國의 경우는 白河에서 名取郡까지는 "山道", 菊 多에서 曰理郡까지는 "海道"에 따라서 郡名이 기재되어 있다. 그리고 국부 소재지인 宮城郡 以北은 다시 "山道"를 따라서 黑川에서 鎭守 府 소재지인 胆澤郡까지 들어가 있으며, 마지막에 長岡에서 牡鹿郡 까지 "海道"에 이어져 있는 郡이 기록되어 있다. 기재 순서에 의하여 블 록으로 나뉘어 보면 다음과 같은 구분이 가능하다.

(a) 白河/磐瀬/會津/耶麻/安積/安達/信夫[舊石背國]

(b) 刈田/柴田/名取[現 宮城縣 南~阿武隈川 以北]

(c) 菊多/磐城/標葉/行方/宇多/伊具/曰理[舊石城國]

(d) 宮城(國府)

(e) 黑川/賀美/色麻/玉造/志太/栗原[現 宮城縣 北<山道>]

(f) 磐井/江刺/胆澤(鎭守府)

(g) 長岡/新田/小田/遠田/登米/桃生/氣仙/牡鹿[現 宮城縣 北
〈海道〉]


이 행정구획에 기준하여 정교하게 배치된 것이 陸奧國 軍團이다. 사료상에서 알려져 있는 陸奧國 군단은 名取團·玉造團·白河團·安積團·行方團·小田團 그리고 후에 설립된 磐城團까지 7개이다. 이것을 앞의 블록에 적용해 보자.


(a) 白河團·安積團

(b) 名取團

(c) 磐城團·行方團

(d) -

(e) 玉造團

(f) -

(g) 小田團


앞의 '兵士歷名簿'에 본관지로 기록되어 있는 衣前鄕·駒椅鄕·瀦城鄕·高椅鄕 4鄕은 陸奧國 柴田郡의 鄕名이다. 즉 (b)블록이며,

秋田城
出羽国府
田沢湖
志波城
徳丹城
早池峰山
雄物川
払田柵遺跡
(国府在平鹿郡?)
蚶方駅
胆沢城
鳥海山
八森遺跡
出羽国府
(城輪柵遺跡)
最上川
出羽
栗駒山
出羽国府?
玉造団
玉造柵
伊治城
新田柵
桃生城
月山
小田団
色麻柵
牡鹿柵
北上川
太
笹谷峠
名取団
多賀城
仙台湾
平
蔵王山
玉前柵
阿武隈川
磐舟柵
陸
奥
洋
飯豊山
吾妻山
石
城
行方団
磐梯山
猪苗代湖
那須岳
石
背
安積団
白河団
白河関
磐城団
男体山
下 野

■ 和名抄所載의 國府
□ 國府移轉地
∧ 城柵
━ 延喜式官道과 驛家
-·- 國界
× 關
)( 峠

V-3. 陸奧國 군단의 소재

174 되살아나는 고대문서

名取團으로 보아도 지장이 없다. 名取團은 多賀城과 胆澤城 두 유적에서 출토된 목간과 칠지문서에 기록된 군단명과 대조해서 정리해 보면 군단 편성이 뚜렷하게 나온다.

多賀城 - 白河團 · 安積團 · 行方團
胆澤城 - 名取團 · 玉造團 · 小田團

多賀城에는 후에 창설된 磐城團이 더해지기 때문에 多賀城은 4軍團, 胆澤城은 3軍團이 소속된 셈이다. 징발된 병사들은 阿武隈川 以南(現 福島縣域)은 多賀城에, 阿武隈川 以北(現 宮城縣域)은 胆澤城으로 가는 합리적인 조치를 취하였다. 陸奧國의 郡을 뛰어넘은 광역행정 블록지배의 도식이 완벽하게 증명되었다.

더욱 柴田郡 '兵士歷名簿'의 인명 기재 순을 살펴보면 규칙성이 확인되지 않는다. 특히 鄕名을 나열해 놓은 방법이 불규칙하다. 이것은 동일한 鄕 출신자들로 군단을 구성하면 결속하여 저항 · 도망하는 등의 위험이 있다고 보고 다시 편성한 것일까.

## 戶番이 설정되어 있었는가

이 '兵士歷名簿'에서 가장 주목해야 할 만한 것은 鄕名과 호주 사이에 기입된 숫자이다. 이것은 대체 무엇인가.

특징적인 것은 수량단위가 없고, 수치는 '8'에서 '50'까지라는 점이다. 그리고 유일하게 그 2例가 登場하고 있는 戶主로, 駒椅鄕 '丈部犬麿'에 붙은 숫자는 '21'로 수치와 일치하고 있다. 즉 '丈部犬麿' 고유의 숫자인 것이다. 四鄕을 包含하면서 '50'을 최고치로 한다면 고대사 연구자들 누구나 생각하는 것은 1里(鄕) = 50호제이다.

고대일본에서는 唐의 행정구분을 본떠서 國·郡아래의 행정단위로서 里를 설정하였다. 율령(養老令 '戶令')에서는 '무릇 戶는 50戶를 里로 한다'고 규정하였다. 1里(鄕)=50호제는 전국의 호적 작성에 맞춰서 전국적으로 '編戶', 즉 戶를 만드는 작업에 기초한 것이다. 자연스럽게 생긴 하나의 村을 그대로 1里(鄕)로 한다면 50이라는 수로 합치될 리가 없기 때문에 이것을 분할해서 정리하는 작업이 필요하다. 끝수가 생겨나면 '余戶里'라고 한다. 유명한 ˚山上憶良의 貧窮問答歌는

- 산상억량山上憶良: 660~733? 나라시대 전반기 관인·가인. 『만엽집万葉集』에 76수의 노래가 수록되었다. 그 속에도 빈궁에 시달리는 고대 민중의 생활을 노래한 「빈궁문답가貧窮問答歌」(『만엽집』권5)는 유명하다.

'채찍을 든/里長의 소리는/寢屋戶까지/와서 외친다/이러한 일 뿐이다/어찌할 수 없는 것인가/世間의 길(楚取る/里長が聲は/寢屋戶まで/來たち呼ばひぬ/斯くばかり/術無きものか/世間の道)'이라고 끝맺고 있는데, '채찍을 든 里長'은 원문의 萬葉仮名에서는 '楚取五十戶長'이다. 1里=50호야말로 이 표기가 성립된다. 말단 행정기구를 떠맡은 里長이 채찍(鞭)을 들고 소리치고 있는 것이다.

이 編戶의 큰 목적 중 하나는 병사 징발에 있었다. 율령의 규정은 앞에서 이야기한 것처럼 1戶에서 성인 남자('正丁') 3명 중에 한명이라는 규정이었지만, 大寶 2年 美濃國 호적 등에 의하면 실제로는 3~5丁에서 한 명이었던 것 같다. 3~5丁은 한 戶의 평균적 正丁數이기 때문에 1戶에서 한사람의 병사를 내보낸다는 것이다. 어찌되었든 국가에 의한 강력한 編戶정책은 군단정비와 깊이 관계되어 있다.

1戶에서 한 병사로 하였다면, 문서 안의 숫자는 돌연 큰 의미를 가지게 된다. 즉 '8'에서 '50'까지의 수치는 각 鄕의 戶主 각각에 붙여진 '戶番'이 아닌가라는 추측이다. 그리고 이 '戶番'은 병사 징발에 유용하게 활용되었던 것 같다. 下段의 각 행의 머리에 붙여져 있는 합점(ヽ)은 대조하여 확인한 흔적을 나타내는 것이다. 兵士를 貢進할 때에 戶番 대조가 중요한 절차이지 않았을까. 또 한가지 흥미로운 사실이 있다. 駒椅鄕의 경우에는 '八', '十七', '廿一', '卅八'라고 적혀 있고 戶番

의 1番台 · 10番台 · 20番台라는 것을 보아, 평균을 내어 추출하고 있는 것처럼 보인다. 만약 戶番으로 추정할 수 있다면, 그 존재는 율령국가의 지배체제 해명에 관계된 것이며 이 문서가 가진 의의는 실로 큰 것이다. 또한 이는 陸奧國에만 한정된 특수성이라고 생각되지 않기 때문에 이후에 각지에서 유사한 사례가 발견될 것으로 기대된다.

# 2. 결근계와 武具 검열부

## 병 때문에 결근한 射手

胆澤城跡에서 흥미로운 문서가 발견되었다. 병사의 결근계로 胆澤城跡의 동쪽 官衙지구의 土坑에서 漆이 칠해져 2개로 접은 형태로 출토된 물건이다. 펼쳐 보니 대략 縱 28cm, 橫 32cm 이었다. 머리말과 보내는 사람의 부분은 결손되어 있었지만, 내용의 대부분은 알 수 있었다.

> ▭ 申依病不堪戌所射手等事
> ▭ 貳人
>      番上
>        伴部廣根健士

右人自今月廿五日沈臥疫病也

宗何部刀良麿健士

　右人自今月廿六日沈臥疫病也

⊐射手等沈臥疫病不堪為戍⊏

〔主〕　　〔連〕

⊐□帳牡鹿□氏繩使申上以解

承和十年二月廿六日⊏

×□×

"'射手'가 병이 걸려 '戍所'(守備地)로 갈 수 없다. 총수는 2명이다. '番上'(교대로 근무)해야만 하는데, '健士'(勳位를 가진 병사)인 '伴部廣根'과 '宗何部刀良麿'는 2월 25일·26일 이어서 병 때문에 누워있었다. 그 때문에 □□(이 부분은 불명)를 하기에 견딜 수 없었다. 그래서 군단의 主帳(書記役)인 牡鹿連氏繩를 보내서 아뢴다." 대강 이러한 내용이다. 문장 말미의 '以解(이상으로 해명함)'는 解文을 끝마치는 상용구이다. 군단의 主帳이 牡鹿連이며, 牡鹿郡은 앞 절에서 말한 것처럼 小田團에 속한다. 즉, 小田團에서 胆澤城으로 보낸 上申書이다.

射手는 활을 잘 쏘는 병사를 말한다. '健士'는 일반 병사와는 달리 식량도 지급되는 무예가 뛰어난 자를 말한다. 『類聚三代格』弘仁 6

V-4. 병사의 결근서(실측도)

年(816) 8월 23일 官符에 의하면 多賀城에 병사 500인, 胆澤城에서
는 병사 400인과 健士 300인으로 총 700인이 當番兵으로 배치되어
있다. 이 '伴部廣根'과 '宗何部刀良麿'는 健士 300인중 2인이었을 것
이다.

• 『유취삼대격類聚三代格』: 율령제하 단행법령인 「격格」을 사항별로 분류 편집한 것이며 8세기에
서 10세기에 이르는 1,000격 이상을 수록하였다. 율령제 실태나 변천을 연구하는데 불가결한
사료다. 11세기경 성립했다.

## 正倉院文書에 남은 여러 결근계

그런데 正倉院文書 중에서 寫經生을 비롯한 하급 관인의 결근계와 휴가신고서 등 약 190통이 남아 있다. 이유는 본인의 병, 근친자의 간병이나 사망, 가사 그리고 일이 일단락되어서 휴식을 취한 것 등이다.

寫經은 성과급으로 1매(42~5字)당 5~7文이었기 때문에, 꽤 큰 현금 수입이었다(통상 1일 7매). 그러나 현실은 엄격하게도 誤字 5자당 1文, 脫字 1자당 1文, 1行 탈락의 경우 20文을 공제해 갔다. 이야기가 좀 벗어나지만, 이 중에서 대우개선을 요구하는 문서가 있어 당시 寫經生의 상황을 엿볼 수 있는 흥미로운 사료이기 때문에 그 대략을 적어 놓겠다.

(1) 寫經生의 신규모집을 중지하길 바란다. 종이는 부족하고 사람은 넘칠 기미이다.

(2) 관에서 지급하는 의복을 교환하고 싶다. 지급 후 1년이 지나 냄새가 나서 견딜 수 없다.

(3) 매달 5일간의 휴가를 받고 싶다.

(4) 보리가 매일 지급되는 것이 없어졌다. 다시 지급하기를 바란다.

(5) 매일 밤, 책상에 앉아서 寫經하고 있기 때문에 어깨가 아프고 다리도 저리다. 藥用으로 3일에 한번 술을 지급해주기 바란다.

(6) 식사가 근일 형편없다. 중급정도의 식사로 개선해주기 바란다.

마치 寫經生의 일상이 눈에 선히 보이는 요구이다. 개별적인 이야기는 그렇다고 해도 봉록이 삭감되는 것을 알고 있음에도 불구하고 휴가를 요구하고 있는 것에 주목해 봐야 한다. 그 정도로 긴장감이 심하고 힘든 노동이었을 것이다.

## 戰亂 當事國의 귀중한 정보

뜻하지 않은 이야기로 벗어나 버렸다. 본 내용으로 돌아가자.

『續日本後紀』는 이 결근계가 제출된 承和 10年(843) 정월, 역병이 만연하여 전국에서 사망자가 많이 나왔다고 기록되어 있다. 아무래도 역병이 陸奧國 牡鹿지방에서도 맹위를 떨친 모양이다. 그나저나 역병으로 쓰러졌는데 2월 25일·26일로 26일부의 결근계가 제출된 점으로 보아 대응이 신속했던 것을 알 수 있다. 胆澤城에 때를 정해두지 않고 제출하였을 것이다. 지방 병사의 힘든 근무상황을 나타낸 것일까.

고대국가의 동북정책에서 戰時·平時를 막론하고 8세기 이후, 일관되게 식량과 병사의 供出 등을 부담한 것은 坂東諸國(相模·上總·下總·安房·常陸·武藏·上野·下野)과 北陸道諸國(越前·越中·越後·佐渡·能登 등)이었다. 西邊防衛의 임무를 맡은 防人은 坂東출신자를 주체로 하였기 때문에, 坂東사람들은 東에서 西로 동원되었다. 이와 같은 양상으로 戰亂 當事國인 陸奧國과 出羽國에 대규모 征討 사업의 큰 부담이 부과되어지고 있는 것도 틀림이 없다. 하지만 지금까지의 문헌 사료상에서는 구체적인 부담실태를 거의 알 수 없었다. 이후 이 결근계와 같은 사료가 발견된다면 가혹한 부담의 양상이 확실해지는 것이 틀림없다.

## 병사의 장비를 검열하는 장부

당시 병사는 식량을 자기가 부담하였고 또 兵具의 일부도 마련해야만 했다. 앞 절에서 1戶마다 한명의 병사를 부담하는 것이 기준이었다고 서술하였지만, 이는 병사를 제출한 '戶'에서 나머지 正丁이 병사를 부양해야 하기 때문이다. 이를 위해서도 '戶'는 일정한 규모를 유지하지 않으면 안 되었다.

그렇다면 마련해야 하는 兵具는 무엇이었을까. 茨城縣 石岡市의 鹿の子C 遺跡에서 출토된 칠지문서 중에 검열부로 추정되는 귀중한 장부가 포함되어 있었다.

　보존되어 있는 것은 14行이며, 인명을 게재한 후 3행에 걸쳐서 人別로 兵具를 열거하고 있다. 兵具는 각 사람들에게 동등하게 다음의 18품목이었다.


　弓/箭/大刀/鞆/弦袋/副弦

　□袴/脛裳/腰繩/頭纏/小手/□□

　水甬/鹽甬/小鉗/繩解/鞋/□□


　군단의 병사 한사람 한사람이 스스로 갖춰야 하는 兵具는 율령(軍防令)에 명확하게 규정되어 있고, 그것은 다음과 같다(14품목).


　<sup>*</sup>弓(一張)/<sup>*</sup>弓弦袋(一口)/<sup>*</sup>副弦(二條)/征箭(五十隻)/胡籙(一具)/<sup>*</sup>太刀(一口)/刀子(一枚)/砥石(一枚)/藺帽(一枚)/飯袋(一口)/<sup>*</sup>水甬(一口)/<sup>*</sup>鹽甬(一口)/<sup>*</sup>脛巾(一具)/鞋(一兩)


　＊를 붙인 것이 鹿の子C 遺跡의 검열부와 공통된다. 그리고 율령의 규정에서는 군단의 1火(10인 단위)로 구비해야만 하는 것 중에서 '鉗'(집게)이 있다. 이 검열부에서 보이는 '小鉗'은 그것에 해당하는 것

일까. 兵具에 대해서 약간의 설명을 하자면, 副弦은 예비로 마련해 두는 弦, 胡籙은 화살통으로 화살(箭·征箭)을 등에 지고 다닐 수 있는 도구, 刀子는 길이 1尺 이하의 小刀, 脛巾(脛裳)은 脚絆이다. 게다가 검열부에서 보이는 鞆은 궁을 쏠 때 왼쪽 손에 붙이는 가죽제 도구이다.

## 蝦夷征討 준비를 보여주는 사료

칠지문서의 연대는 延曆年間(782~806)이 틀림없다. 이 시기 『續日本記』에서는 蝦夷征討를 위해서 坂東諸國 병사의 장비를 점검시켰다는 기사가 보인다. 예를 들면 延曆 5年(786) 8월 8일 條이다.

종5위하 佐伯宿禰葛城을 東海道로, 종5위하 紀朝臣楫長을 東山道로 보낸다. 도별로 判官 1명, 主典 1명. 군사를 간열簡閱하여 또 수구戎具를 점검시켰다. 蝦夷를 정토하기 위해서다.

본 문서는 중앙의 지시로 蝦夷征討를 위해 병사의 병구를 점검·정비한 것을 의미한다. 常陸國의 병사가 무장하여 바로 출정하려고 하는 장면을 전하고 있는 귀중한 사료라고 할 수 있다.

＊下野國에서도 蝦夷征討 정책에 관련된 목간이 출토되었다. 下野國府跡의 政廳 서쪽에 인접한 곳에서 5,000점이 넘는 목간의 삭설이 출토되었는데, 이것들은 거의 延曆 9年(790)에서 다음 해에 걸쳐 단기간에 버려진 것이었다. 그 중 하나로 國府의 명령에 의해서 某郡(군명을 알 수 없다)에서 갑옷을 만들기 위한 皮를 진상하였다는 내용이 있다. 이것은 『續日本記』 延曆 9年 閏3월 4일의 勅의 「蝦夷를 정벌하기 위해 諸國에게 분부하여 가죽 갑옷 2천벌을 만들게 하였다」에 대응하는 것이었다. 東海道의 駿河 以東과 東山道 信濃 以東은 國別로 수량을 정하여 3년 이내에 만들 것을 명령하고 있으며, 이 목간은 각국에서 兵器의 생산이 진행된 점을 말해 주고 있다. 延曆年間의 5만~10만이라는 대규모 蝦夷征討軍의 파견은 坂東諸國 사람들에게 상상도 못할만큼 큰 부담이 되었다.

• 하야국下野國: 현재 회목현栃木縣.

# 3. 伊治呰麻呂(고레하루노 아자마로)의 亂에 얽힌 의문

## 반란의 경과

寶龜 11年(780) 3월, 나라시대 최대의 蝦夷반란이 일어났다. 伊治呰麻呂의 난이다.

伊治呰麻呂라는 이름이 처음으로 사료에서 등장하는 것은 『續日本記』寶龜 9年 6월 25일 條로, 志波村(岩手縣 중부지방)에서 반란을 제압한 공이 있어 外從五位下를 수여했다고 하는 기사이다. 아마도 呰麻呂는 현재 宮城縣 북부 山道지방에 세력을 가진 재지의 유력자로서 반란 제압의 공으로 上治郡의 郡司(大領)에 임명되었다고 추측된다. 長岡(宮城縣 북부, 古川市부근)에 화재사건이 일어나는 등 불온한 정세 속에서 寶龜 11年 2월, 覺鱉城(소재지 불명)을 조영하자

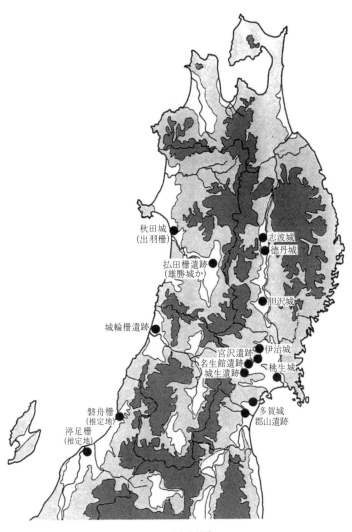

秋田城
(出羽柵)

志波城
德丹城

払田柵遺跡
(雄勝城か)

胆沢城

城輪柵遺跡

宮沢遺跡          伊治城
名生館遺跡        桃生城
城生遺跡

磐舟柵
(推定地)        多賀城
                郡山遺跡
淳足柵
(推定地)

Ⅴ-5. 동북의 성책

라는 의견이 나와서, 3월에는 동북지방의 최고행정관인 按察使 紀廣純이 牡鹿郡 大領道嶋大楯, 上治郡 大領 伊治呰麻呂 등을 이끌고 조영을 개시했다. 呰麻呂의 반란은 이때에 일어났다.

반란의 이유는 道嶋大楯이 呰麻呂와 대립하여 무슨 일이 있을 때마다 '夷俘'라고 업신여겼기 때문이라고 한다. 呰麻呂는 '俘軍'을 이끌고 먼저 大楯을 죽이고, 伊治城에서 조영을 지휘하고 있던 按察使 紀廣純도 살해했다. 그 후 多賀城을 공격하여 성내의 창고 물건을 약탈하고 방화했다.

그리고 이때 多賀城의 화재는 최근의 발굴조사로 예상보다 광범위했다는 점을 확인할 수 있었다. 國府 중심에 있는 政廳지구에서는 正殿을 시작해서 거의 대부분의 건물이 재해를 입었고, 특히 그 중에서도 西邊築地에서는 築地의 지붕 기와가 타서 떨어져 있고 탄기와가 일렬로 줄 지어있는 상태로 노출될 정도였다. 南門·東門 등의 주요한 건물도 화재를 당하였다.

당시 반란의 주모자인 呰麻呂는 그 후 어떻게 되었을까. 正史에는 기록이 남아있지 않다. 살해되었거나 항복했다는 기록도 없다. 그렇다면 잘 도망친 것일까.

## '上治郡'을 둘러싼 의문

당시 蝦夷의 유력자가 복속하면 '現地名+公(카바네)'을 부여하였다. 呰麻呂는 伊治지방에 세력을 넓히고 있었던 것이다. 伊治지방에 조영된 城柵이 伊治城이다. 伊治城은 神護景雲 元年(767)에 1개월 만에 건설되었다고 한다. 여기서 문제는 呰麻呂가 伊治지방의 유력자였다면, 上治郡은 어디인가라는 점이다. 실제로도 이는 에도시대 이래 길고 긴 고대사의 수수께끼로 남아있다.

上治郡이라는 표기는 단지 1군데인 『續日本記』 寶龜 11年(780) 3월 23일 條에서 '陸奧國上治郡大領外從五位下伊治公呰麻呂, 反하다'고 보일 뿐이다. 『續日本記』에서 '陸奧國 栗原郡을 둔다. 원래 이것은 伊治城이다.'(神護景雲 元年 11월 29일 條이다. 통설은 神護景雲 3년 6월 9일의 기사가 잘못 섞여 들어간 것이라고 간주하고 있다)고 되어 있어 伊治城에서 栗原郡이 생겨난 것을 알 수 있기 때문에 栗原郡 주변일 것이라고 추측하고 있다. 그러나 公卿의 職員綠인 『*公卿補任』 紀廣純의 항목에는 '伊治郡大領外從五位下伊治公

• 『공경보임公卿補任』: 고대에서 1868년에 이르는 해마다 공경의 씨명 경력을 기록한 직원록. 11세기 초두 경까지 성립하여 그 후 대대로 기록되었다.

呰麻呂'에 의해서 살해당했다고 하는 기록이 있으므로, 呰麻呂는 伊治郡의 大領이었을 것이다.

『續日本記』와 『公卿補任』의 기록 중 어느 것이 더 타당한 것인가. 아니면 伊治=上治인 것인가. 그렇다면 왜 伊治가 上治로 표기된 것일까. 城柵名과 郡名이 일치하는 것은 일반적이다. 伊治를 이찌(いヂ)라고 읽지 않고 코레하루(コレハル, 코레하리[コレハリ])라고 읽는다면 栗原은 쿠리하라(クリハラ, 쿠리하루[クリハル])라고 발음하기 때문에 이 둘을 관련시킬 수 있다. 그렇지만 上治는 아무래도 알 수 없다.

그런데 이 때 1点의 칠지문서가 출현하여 문제 해결에 큰 실마리를 제공해 주었다.

## '此治城'의 충격

적외선 텔레비전 카메라에 의한 조사는 처음에는 東京國立文化財研究所의 장비를 이용했다. 1978년 5월, 나와 동료인 桑原滋郎 씨는 육안에 의한 조사가 끝난 칠지문서 전부를 多賀城으로 운반해서 4일에 걸쳐서 문자 확인과 사진촬영 작업을 하였다. 작업이 시작된 후 둘째 날 어두운 조사실에서 카메라 밑에 칠지문서를 놓고 문자 확인을

V-6. 「이치성伊治城」이라고 보이는 문서. 아래가 원래 문서

계속 하고 있을 때 다음과 같은 문자가 보였다.

〔앞〕
　此治城
〔옻칠면〕
　　━━撰點
　　━━朝臣☐☐

'此治城'이라는 3글자에 아무 생각없이 숨만 쉴 뿐 말도 없이 서로
의 얼굴을 보았다. 桑原 씨는 '온몸이 떨려왔다'라고 기록하고 있는데
(『大宰府と多賀城』), 이는 나도 똑같았다. 흥분된 마음을 가라앉히
고 우리들은 문서를 살펴보았다.

漆이 표면에 두껍게 부착되어 있었기 때문에 보존 상태는 매우 양
호했다. 칠면의 문자는 楷書로 정연하게 쓰여져 있는 것에 비해서 '此
治城'는 草書體로 비스듬히 크게 적혀있다. 칠면이 원래 문서로 그 문
서 뒷면에 '此治城'이라고 쓴 것으로 추측된다. 문서 자체는 연대가 빠
져 있고 내용에서 연대를 파악할 수 없지만, 다행히도 달력의 단편이
함께 출토되었다. 자세한 추정 과정은 생략하고, 달력은 寶龜 11年
(780) 8월이다. 달력은 그 연도가 끝나면 바로 버려지기 때문에 '此治
城' 문서도 그 시기에 적혀진 것이라고 봐도 좋을 것이다.

그렇다면 '此治城'은 대체 무엇인가. 城柵의 명칭인 것은 틀림없으나 지금까지 알려져 있지 않은 새로운 城柵名인지 아니면 문헌상에서 보이는 어느 城柵에 해당하는 것인가.

此治는 音으로 읽으면 시치(シヂ)이며, 訓으로 읽으면 코레하루(コレハル, 코레하리[コレハリ])이다. 그렇다면 伊治城이 떠오르는 것은 당연하다. 원래 일반적으로는 伊治를 이치(イヂ)라고 읽는데 『和名類聚抄』 등에 기재된 것이 아니기 때문에, 확실한 근거가 있는 것도 아니다. 伊治는 코레하루(コレハル, 코레하리[コレハリ])이기 때문에 此治로도 표기되었다고 봐야한다. 呰麻呂의 반란이 있었던 寶龜 11年 경의 물건이며, 게다가 출토지가 多賀城인 것도 이 추정을 증명한다.

이는 길었던 의문에 대한 하나의 해답을 준비할 수 있게 하였다. '此'와 '上'은 字體가 많이 닮아있다. 『續日本紀』에서 딱 한군데에서만 보이는 上治郡은 실은 此治郡의 誤記였던 것은 아닐까라는 가능성이 떠오른 것이다. 伊治를 栗原으로 改名한 후에도 伊治라는 문자는 종종 사용되었다. 此治도 같은 형태로 사용된 것이다. 그렇게 생각하면 栗原·伊治·上治(실은 此治)의 관계가 부드럽게 해석될 수 있다. 고대사의 수수께끼 하나가 겨우 풀린 것이다.

# 4. 坂上田村麻呂(사카노우에노 다무라마로)의 차남의 서명

## 서명이 있는 문서

　다하성 정청지구 북쪽 경사면에 칠지문서를 포함한 다량의 소토와 기와가 퇴적되어 있었다. 9세기 후반 어느 시기, 政廳지구에 대규모 조영사업을 추진할 때 반출되어 버려진 것이다. 여기에서 흥미로운 문서가 출토되었다.

　漆이 칠해져 반으로 접어 투기된 것으로 현재 상태는 3片으로 나누어져 있다. 기년紀年이 적힌 큰 종이 片을 펼치자 세로 21.5㎝, 가로 25㎝ 이었다.

```
　　コ事□
　　□□但□□匚
　　　　〔事　狀〕
　　□仍録□□謹解
　　　弘仁十四年七月十一日
‥‥‥‥‥‥‥‥‥‥ 접힌 곳 ‥‥‥‥‥‥‥‥‥‥‥
　　　　少目三村部野□
　コ□野
　コ石雄
```

　　인명부분은 모두 자기가 서명한 것이다. 날짜 다음에 적힌 서명
이 '少目(國司의 第四等官)'이며, '謹解'라고 적혀 있어 國司에서 太政
官으로 보낸 上申書인 점을 알 수 있다. 문제는 그 行에 서명한 2인으
로, 連署하고 있는 점에서 守(長官)와 介(次官)의 인명으로 판단된
다. 그렇다면 서명한 자들은 대체 누구인가.

## 坂上廣野의 自署

　　유감스럽게도 弘仁 4年(823)이라는 해는 당시의 正史『日本後紀』
중 결손부분에 해당하기 때문에 陸奧國의 守・介의 이름은 명확하지

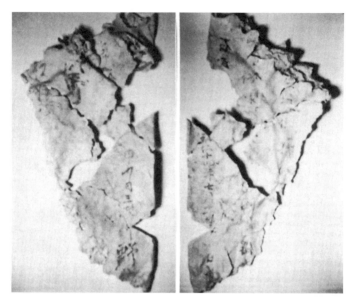

V-7. 자서自署가 보이는 문서

않다. 그러나 사료를 짜 맞추다 보면 특정 인물이 나타난다.

〔坂上廣野 사카노우에노 히로노〕

大納言 종종2위 田村麻呂의 차남이다. 홍인 초에 종5위하로 제수되어 右兵衛佐로 임명되었다. 아버지 상을 맞아 職을 그만뒀다. 다시 右衛門佐로 임용되어 右近衛 小將으로 천임되었다. 이세수伊勢守를 겸임했다. 陸奧守로 나가 職이 끝나 右兵衛督으로 임명되었다. 어려

V-8. 「광야廣野」의 자서?

서 무용으로 이름이 있고 다른 재능은 없다. 정직으로…절조節操는 칭
찬할 만하다. 술을 지나치게 마셨다. 병이 나서 죽었다. 나이 42(『類
聚國史』天長 5年(828) 3월 9일조).

陸奥守의 自署는 '野' 1字만이 남겨져 있다. 그렇지만 정말로 이것
은 '廣野'의 '野'인 것인가 재임 시기를 살펴보기로 하자.
'陸奥守에서 물러나서 秩滿(관직에서 임무를 맡은 기간이 만료됨)

하여 右兵衛督을 맡았다'라고 적혀 있는데, 右兵衛督은 언제된 것인가. 『公卿補任』에 의하면, 弘仁 14年 11월말까지 右兵衛督이었던 藤原三守라는 인물이 職에서 물러났다. 廣野는 그 직후 天長 元年(824) 정월의 人事로 右兵衛督에 임명되었을 것이다. '秩滿'이라고 되어 있기 때문에 陸奧守로써의 임기는 마치게 된다. 또 『日本後紀』*, 『類聚國史』*, 『公卿補任』 등의 사료에서 弘仁 6年(815)에서 弘仁 11年(820)까지는 小野峯守, 天長 元年에서 天長 6年(829)까지는 伴勝雄이라는 인물이 陸奧守이었던 점을 알 수 있기 때문에 廣野는 바로 그 사이인 4년간 陸奧守였던 것이다.

그 항목에서 다시 한 번 새롭게 문서를 살펴보면 '野'자 위에 무엇인가 적혀져 있는 흔적(殘畵)도 이해할 수 있다. 'ノハ'로 보이는 이 흔적은 '廣(廣)'자의 아래부분에 해당할 것이다. 틀림없이 坂上廣野 자신의 서명이었다.

• 『일본후기日本後記』: 육국사六國史라고 불리는 편년체 역사서의 3번째. 840년에 완성되었다. 792년부터 833년까지 역사가 서술되었다.

• 『유취국사類聚國史』: 9세기말 관원도진菅原道眞에 의해 편찬된 역사서. 육국사六國史(『日本書紀』에서 日本三代實錄에 이르는 6가지 편년체 역사서) 기사를 내용별로 분류하여 재편집했다.

# 次官은 누구인가

介의 自署는 '石雄'이라고 판독되었다. 弘仁 14年 당시의 陸奧介가 누구인가를 나타내는 사료는 물론 없다. 이와 관련해서 弘仁 11年에는 坂上田村麻呂의 四男인 淸野가 陸奧介이었던 것이 그의 이력에 기록되어 있다. 이것은 매우 흥미로운 이야기로 앞서 서술했던 추정에 의하면 이때의 陸奧守는 廣野이기 때문에 형제가 陸奧國의 長官 · 次官을 맡고 있었던 셈이다. 그렇지만 이것은 율령(選叙令)의 규정(三等이상의 친족이 國司의 主典이상의 직책을 맡고 있는 것을 금지)의 명백한 위반이며, 그 때문인지 淸野는 弘仁 13年에 右近衛少將으로 전임한다. 후임자는 알 수 없다.

확실한 증거는 없지만, 小野石雄이지 않았을까. 陸奧介였던 小野永見으로 시작해서 小野峯守 또는 小野篁(詩文으로 유명)이 陸奧守가 되었던 것 등으로 보아 小野一族은 陸奧國과의 관련이 깊은 점을 알 수 있다. 이후에 石雄의 아들인 春枝도 陸奧介에 임직되었다. 石雄은 弘仁 4年에 陸奧에 있었던 점이 확실하고, 淸野가 右近衛少將으로 전임한 弘仁 13年에 石雄은 陸奧介의 관위인 從5位下로 昇叙하고 있다. 이러한 정황으로 小野石雄이었을 가능성은 높다.

## 田村麻呂와 大伴家持의 서명도 출토되었는가

이미 多賀城과 秋田城 등에서 自署가 있는 문서가 다수 출토되었다. 본문은 서기관이 적고 책임자가 자신의 이름만을 서명하는 것이다. 그 후 시대가 흘러 점점 흘러 써서 行書·草書가 되어 花押과 비슷하게 되어 가지만, 이 시대에는 楷書이다.

이와 관련하여 自署할 수 없었던 경우도 있었다. 앞의 제Ⅱ장에 게재된 多賀城 제4호 문서(83쪽)를 보면, 大領의 自署 '竜麻呂'의 다음 行의 '部'자 아래, 오른쪽 편에 작은 글씨로 '病'이라고 적혀있다. 거기는 少領의 自署가 올 부분이지만, 병으로 인해 사인할 수 없었던 것을 나타낸 것이리라.

어떻든지 간에 이 문서가 남겨져 있는 것도 胆澤城에서 田村麻呂의, 多賀城에서 *大伴家持의 사인이 남겨 있는 것도 이상한 점이 아니다(家持는 延暦 元年부터 4年까지 陸奥按察使兼鎮守將軍이었다). 발굴조사가 진행되어 가면서 그들의 사인이 발견된 것은 결코 꿈은 아닐 것이다.

• 대반가지大伴家持: 718?~785. 나라시대 공경·가인. 『만엽집万葉集』에 473수 노래가 수록되었다. 『만엽집』을 최종적으로 편찬한 사람으로 추정되고 있다. 육오안찰사진수부장군陸奥按察使鎮守府將軍으로써 육오국陸奥國 다하성多賀城에서 죽었다.

# 주민파악 시스템

군의 관청에서 납세하는 풍경(상상도, 小澤 尙 作畵)『古代の
役所』(岩波書店)에서

# 1. 고대의 주민등록대장

## 計帳은 무엇인가

多賀城에서 최초로 발견된 칠지문서는 계장計帳이었다. 그것이 어느 정도의 의미를 가지고 있는지를 알기 위해서는 먼저 계장에 대한 설명부터 시작해야 한다.

계장은 인구변동을 알기 위해서 매년 만드는, 公民을 파악하는 기초대장이다. 율령 규정으로는 먼저 公民 자신이 쓰게 되어 있기 때문에 이것을 '手實'(자신이 쓴 것이라는 뜻)이라고 불렀다. 실제로는 公民 모두가 글자를 쓸 수는 있었던 것은 아니기 때문에 아마도 里長 또는 郡家(郡의 役所) 단계에서 적었다고 생각된다. 이 計帳手實에는 '續柄(혈족 관계)+人名+年齡+年齡區分+身體的 特徵'이 적혀져 있

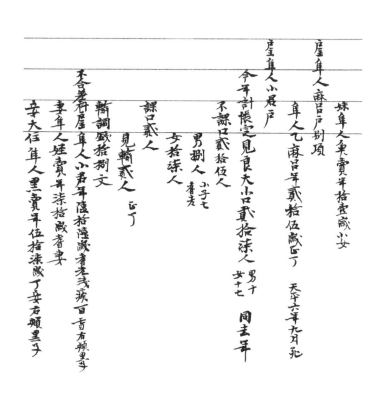

VI-1. 計帳曆名의 예(正倉院文書, 模寫)

다. 오른쪽 뺨에 점이 있는지, 왼손의 食指(약지)에 흉터가 있는지, 한 사람 한사람의 신체적 특징까지 기재되었다. 이것들이 郡家에서 정리되어 國府로 上申된다.

國府에서는 그것을 깨끗하게 다시 쓰고 동시에 통계부분과 별항 기재를 덧붙여 기록한다. 이것이 國府에 비치해 두는 計帳歷名이다. 國府에서는 여기에 郡別로 課戶(課役이 부과된 戶), 不課戶(부과되지 않은 戶), 課丁數(부과된 사람 수) 등을 집계하여 國 전체 통계를 낸다. 이 장부를 일반적으로 大帳이라고 부르고, 이것을 중앙(太政官)으로 보낸다.

만약 이것들이 현존하고 있다면 고대사회를 잘 알 수 있을 것이다. 그러나 유감스럽게도 거의 남아 있지 않다. 計帳手實·歷名은 山背國 4통·左京 1통·越前國 1통·近江國 9통, 大帳은 '阿波國計帳'라고 불리는 斷簡(16行만)이 正倉院에 남겨져 있을 뿐이다. 그러나, 그렇다 하더라도 왜 正倉院에만 남겨져 있는 것인가. 본서에서 이미 수차례 등장했던 正倉院文書의 성격에 대해서 다시 생각해보자.

----

• **산배국山背國**: 산성국(山城國, 현재 경도부京都府)의 옛 표기. 평안경平安京 천도로 산배국에서 산성국으로 개칭되었다.

## 正倉院文書의 휴지는 어디에서 왔는가

正倉院文書는 말할 필요도 없이 勅封인 正倉院寶庫에서 다수의 보물과 함께 보관되어 온 고대의 文書群이다. 앞뒷면을 합하면 1만 수 천통으로 고대사 연구에 없어서 안 되는 중요한 사료이다. 앞뒷면을 합한다는 말이 기이하게 느껴질지도 모르지만 당시 종이가 귀했기 때문에 휴지를 많이 사용한 일이 많았던 점을 염두에 두기 바란다.

正倉院文書의 대부분을 차지하는 것은 東大寺 寫經所에서 사무를 위해 작성한 문서이다. 그 중에는 중앙관청 등에서 폐기한 행정문서의 뒷면을 이용한 것이 많다. 大寶 2年(702)의 筑前國 등의 호적을 비롯하여 諸國에서 온 上申書와 관청간의 왕복 문서 등이다. 따라서 正倉院文書는 東大寺 寫經所에서 일하는 사람들의 모습을 생생하게 전하고 있는 한편 그 종이 뒷면(본래는 앞면)은 율령국가의 행정 실태를 말해 주고 있다. 즉 고대 율령행정의 연구에서는 뒷면문서쪽이 가치가 있는 것이다.

그런데 正倉院文書의 計帳은 다른 문서와는 다른 경로로 東大寺

---

• **칙봉勅封**: 창고를 칙명(천황의 명령)으로 봉인하는 것. 구체적으로는 천황의 서명이 있는 종이를 열쇠에 말려 자물쇠를 채운다. 정창원正倉院은 칙봉 창고이며 개봉할 때는 칙사勅使가 파견되었다.

에 남게 되었던 것 같다. 寫經所가 종이 조달을 꾀할 때, 중앙관청의 공문서류 즉 휴지의 불하에만 의지할 수가 없어 山背國府 등에서도 私的으로 조달했다. 그것이 '山背國愛宕郡某郷計帳(天平 5年)', '山背國綴喜郡大住郷(?)計帳(天平 7年)'이다. 右京의 경우도 같았을 것이다. 또 近江國計帳의 경우는 近江國 石山寺의 조영(54쪽 참조)이 관련되어 있다. 그 고장(志何郡 古市郷)의 유력자인 但波史吉備麻呂가 그 조영사업에 참가하였기 때문에 신원확인을 위해 計帳手實을 제출하도록 하여, 吉備麻呂는 자신의 計帳手實을 郡의 役所에서 가져와 첨부하여 제출한 것이다. 제Ⅰ장에서 서술한 것과 같이 石山寺 조영은 東大寺가 깊게 관계되어 있다. 그 때문에 東大寺에서 近江國의 計帳手實이 남겨져 있는 것이다. 越前의 경우도 東大寺와 밀접한 관계가 있었기 때문이다.

## 흥미로운 사실을 발견하다

正倉院文書는 일본고대사 특히 奈良時代研究에서는 없어서 안 되는 근본사료이다. 그러나 勅封의 正倉院寶庫에서 보존하고 있기 때문에 특별한 기회를 빼고는 일반에게 공개되지 않는다. 이러한 이유로 내가 근무하는 國立歷史民俗博物館에서는 널리 전시하거나 조사

연구에 활용하는 것을 목적으로 正倉院文書 약 800권을 정교하게 복제하는 원대한 계획을 세워 작업이 진행 중이다. 언젠가 나는 복제가 된 '近江國計帳'을 눈여겨보다가 재미있는 사실을 발견했다.

近江國計帳 9통은 神龜 元年(724)부터 天平 14年(742)까지의 計帳이다. (단, 연속하여 모두 존재하는 것은 아니다). 그리고 手實은 但波史吉備麻呂 자신이 제출한 자기신고서라고 생각했었다. 그런데 각 해(年)의 표기 차이를 자세히 살펴보니 자신이 신고했다라는 사실이 의심스러워졌다. 예를 들면 天平元年帳에서 '大田史多久米'로 나오는 인물이 天平二年帳에서는 '大田多久米女'로 되어 있고, 그것도 '大田多久'라고 쓰다가 '多'부분에 '史', '久'에 '多'가 각각 반복되어 쓰여져 있고, '米'와 '女'는 중복되어 있다. '三上部粳賣'가 여성의 경우 '粳賣'(天平 元年)가 '牧賣'(6年)로 변해버렸다. 이는 元年帳이 해서체인 것에 대해 二年帳은 行書體로, 三年帳의 필기자가 이 行書體를 충분하게 해석하지 않은 채 베껴 써서 六年帳에서는 결국 인명이 바뀌어버렸다. 이러한 사정을 의미할 것이다(VI-2 그림).

이와 같은 기재의 변화는 각 戶에서 자기신고서를 작성한다면 일어날 수 없는 일이다. 제3자가 전년 計帳을 轉寫했기 때문에 틀린 점이 나왔다고 생각할 수밖에 없다. 즉, 近江國計帳의 경우, 각 戶의 신고서(手實)가 아니라, 郡의 役所에서 郡의 役人(게다가 複數) 손에 의

해 前年의 計帳 초안을
바탕으로 연령만 더하여
轉寫한 것이 분명하다.

## 漆紙文書의 의의

正倉院에 남겨진 計
帳은 都에서 정식으로 제
출된 후 휴지로 되었던
것이라고 한정시킬 수는
없다. 그보다 東大寺와
관계가 깊은 지역이 대부

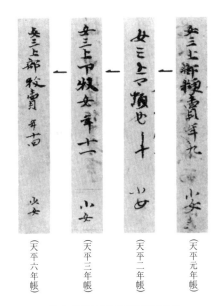

VI-2. 인명오기의 과정(정창원문서)

분이다. 따라서 東國과 관계된 것은 전혀 살펴 볼 수 없는 것이다.

지금은 정말 없어져 버렸다고 생각되었던 計帳이다. 그것이 漆紙
文書의 형태로 발견된 때의 흥분을 상상해 보자. 多賀城과 鹿の子 C
遺跡·胆澤城 등에서도 計帳이 출토되어 手實·歷名·大帳 모든
종류의 문서들이 발견되었다. 그리고 이제부터 출토되는 문서들이 기
대된다. 다음에서 그 구체적인 사례를 검토해 보기로 하자.

# 2. 계장의 여러 가지 유형

## 郡家作成의 計帳 - 鹿の子C 유적

1980년 茨城縣 石岡市 鹿の子지구에서 발굴조사가 실시되었다. 여기에서 출토된 칠지문서 중에 計帳으로 추정되는 문서가 있었다. 발굴조사 보고서에서 '延曆頃の計帳'으로 간주된 문서이다. 문서의 최대 지름은 약 23㎝ 이었다.

결론부터 말하면 이것은 郡家作成의 計帳手實[*]이었다고 생각된다. 그 이유에 대해서 이야기 해보자.

---

• 군가郡家: 율령제하 군의 관청.

VI-3. 군가에서 작성한 계장수실?(실측도)

실측도를 참조하기 바란다(VI-3 그림). 10行정도의 斷簡임에도 불구하고, 誤字·脫字가 눈에 띈다. '柒[=七]', '捌[=八]'은 모두 '陳', '例'로 誤記되고, '額'도 '碩'으로 되어 있다. 또 '多治比部'로 되어 있어야 할 부분이 '多治部'로 되어 있어 '比'字를 빼놓았다. 이러한 조잡함은 郡家에서 작성되었다고 판단되는 '近岡國計帳手實'과 동일하다.

또 國府 단계에서 완성된 사본인 計帳歷名의 큰 특징은 首部의 통계부분과 尾部의 別項 기재라고 생각되지만, 그 부분이 존재하지 않는다. 가끔 통계·別項의 기재부분이 있었다고 판단되는 점은 界線의 형식에서 확인된다. 天界(제일 상부에 橫으로 그어진 선)를 포함해서 橫界線이 3本, 縱界線은 12本 확인되지만, 이 界線의 형식은 '近江國計帳手實'과 유사하고 計帳의 내역 총계부분을 기재하지 않을 때 사용한 방법이다.

즉, 각 행 하단에서 연령구분 호칭과 신체적 특징을 小字로 2行으로 나누어서 쓰는 것은 지금까지 알려져 있지 않던 書式이며 매우 흥미롭다.

이러한 여러 가지 특징을 미루어 보아 郡家에서 작성한 計帳手實이라고 판단된다. 이러한 手實에 기초하여 國府에서 歷名을 깨끗하게 다시 작성하는 과정에서 통계부분과 別項기재가 첨부된 計帳歷名을 國府에 비치한 것이다.

## 國府의 計帳歷名 - 多賀城

序章에서 다루었던 대발견 - 다하성 정청지구 서쪽 구덩이에서 토기의 내부 저면에 부착된 상태로 발견된 計帳은 計帳歷名이었다(序-2 사진). 세로 8.9㎝, 가로12.5㎝, 6행 34자이다.

猿賣年
部門長年廿歲
□部百繼年廿二歲
根得戶別項
口一人
□部繼刀自賣年廿□

　　이것을 郡家에서 제출된 計帳手實이 아니라, 國府에서 清書된 '計帳歷名'이라고 판단한 이유는 먼저 別項기재의 존재이다. 그런데 기재 내용의 '口一人', '□部繼刀自賣年廿□'은 무엇을 의미하는 것일까. '口一人'이라는 것은 현존하는 計帳으로는 사례가 없지만, 아마도 '不課口一人'이었다고 추측된다. '□部繼刀自賣'는 여성의 이름이며, 여성은 課役(庸ㆍ調 등)을 부담하지 않는 不課口였다. 不課口인 '□部繼刀自賣'라는 여성과 관련하여 무엇인가의 이유로 변동이 있었다.

　　그리고 界線을 긋는 방법도 國府 보존용으로 작성된 '計帳歷名'인 점을 증명하고 있다. 縱界線 7本ㆍ橫界線 1本으로 橫界線은 인명의 거의 중간 정도의 위치에 있다. 이것은 인명이 上下의 橫界線 내에 수록되는 '近江國計帳手實' 등과는 확연하게 다르며, 國府에서 만들어져 보존된 것이 분명한 '山背國宕郡某鄕計帳' 등과 공통하는 형식이다. 즉, 首部의 통계부분의 각 항목의 行頭에 합쳐진 경우에 긋는 방법이다. 따라서 통계부분이 있었다고 생각해도 무리가 없다.

## 大帳(案文)도 발견되었다

國마다 戶數·口數를 중앙으로 上申하는 計帳(大帳)은 앞서 서술했던 것처럼 '阿波國計帳'라고 부르는 16행만의 단편으로 正倉院에 남겨져 있을 뿐이었다. 그런데 최근 秋田城跡에서 大帳(案文)[*]의 일부로 생각되어지는 칠지문서가 발견되었다.

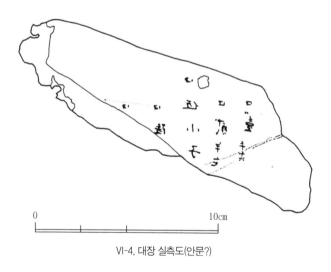

0                    10cm

VI-4. 대장 실측도(안문?)

---

• **안문案文**: 문서 비망록이나 사본. 문서 원본을 정문正文이라고 한다.

이 칠지는 반으로 접힌 상태로 폐기되었다. 형상에서 특이한 점은 일반적으로 접어진 '종이 덮개'를 열면 원형으로 나타나지만, 이 경우는 반원에 가까운 상태였으며 추정 지름 약 18㎝였다. 상세하게 관찰해보니 칼과 같은 물건으로 절단되어 있으며 절단면에는 칠액이 묻어 있지 않았기 때문에 '종이 덮개'로 사용되어 칠액이 칠해져 덜 마른 상태에서 반원에 가까운 형태로 잘라진 것이다. 확인된 문자는 5행 17문자이다. 판독문은 다음과 같다.

　　　□×
　　　□陸×
　　□伍小子
　　□貳　年十七
　　□壹　年十六

현재 상태에서는 이들 문자는 左文字로 읽을 수 있다. 左文字는 보통 종이의 풍화가 진행되었기 때문에 표면의 字가 없어져 종이 뒷면(漆面)의 문자만이 보존된 때에 나타낸다. 그런데 '□伍小子'의 '子'를 반대면에서 正位文字로 선명하게 확인되기 때문에 左文字는 墨이 스며든 상태에서 보인 것으로 종이의 보존 상태는 양호한 점을 알 수 있

다. 그렇게 되면 左文字의 표면을 깎아내어 문자를 선명하게 확인할
수 있다. 실은 조사 당초, 4번째 행 '貳'는 선명하지 않아서 읽을 수가
없었지만, 깎아내는 작업의 결과 장부에서 제일 중요한 부분을 해독할
수 있었다.

그렇다면 대체 무엇을 알 수 있었던 것인가. 먼저 '陸[=六]', '伍[=
五]' 등 숫자로 大字가 사용되어 있는 점을 주목할 필요가 있다. 大字
는 '一', '二', '三' 등 대신 사용하는 '壹', '貳', '參' 등의 문자로 율령에서
는 공문(籍帳 등)에 大字를 사용할 것을 규정하고 있다. 즉, 통계를
위한 공문서의 조건을 충족하고 있다.

다음으로 포인트가 된 곳은 4행 이하이다. 書式을 규정한 '延喜式'
의 大帳式과 비교해 보자. 예를 들어 다음과 같다.


都合今年計帳新舊定見戶若干
　戶若干不課
　　戶若干舊
　　戶若干新
　　（중략）
　　戶若干耆老
　　戶若干小子　年十七若干
　　　　　　　　年十六若干
　　戶若干寡婦

여기의 '小子 年十七若干/年十六若干'가 3번째 행 이하와 대응하고 있다. 小子는 *課役을 부담하지 않는 소년을 말하고, 18세부터(당초는 17세부터) 일정한 과역을 부담하였다. 이 때문에 그 직전 연령층의 동향은 국가의 중요한 관심사가 되는 것이다. 따라서 17세와 16세의 小子만 연령별 口數가 기재되어 있는 것이다. 또 『延喜式』을 참고하면 小子의 앞에 '耆老'를 쓰게 되어 있고, *율령의 규정으로 '老'는 61~65세, '耆'는 66세 이상(이후 65세 이상으로 개정)이다. '陸(六)'이라는 숫자가 보이는 것은 이 서식과 모순되지 않는다. 본 문서는 아마도 小子 앞에 耆老에 해당하는 수가 쓰여 있었음에 틀림없다.

그렇다면 大帳의 正文은 당연히 중앙으로 보내야만 하기 때문에 秋田城跡에서 발견된 문서는 大帳의 案文일 것이다. 제일 마지막 행의 '壹'의 우편에 흑점(●)이 있는 것도 그것을 증명해준다. 이러한 점은 小子의 합계가 '伍'인데, 內譯이 '貳'와 '壹'로 수가 맞지 않는다. 우편에 흑점은 誤記인 것을 나타내는 교정 체크로 正文에서 정정한 기호라고 생각할 수 있기 때문이다. 작은 단편이긴 하지만, 大帳(案文)의 실례로서 매우 귀중한 성과였다.

---

• 과역課役: 율령제하 세목 중에 성인남자에게 부과하는 조調 · 용庸 · 잡요雜徭의 총칭.
• 율령 규정: 양로호령養老戶令6 3세이하조三歲以下條를 가르킴.

## 計帳 작성과정의 구체적인 모습

斷片이라고 하지만 漆紙文書의 출토는 計帳의 작성과정에 대해서 새로운 지식을 계속 제공해 주었다. 다시 한 번 정리해보자.

먼저 제1단계인 手實은 자기신고가 원칙이라고 하지만 실제는 郡의 役人이 전년도의 計帳을 기초로 해서 轉寫해서 작성한 것 같다는 점이 명확해졌다. 제2단계의 計帳歷名에서는 통계부분과 別項기재가 확인되었다. 종래 알려져 있지 않은 서식도 나왔다. 원칙과 현실의 차이를 구체적으로 점검할 수 있었다.

# 3. 작성 시기를 기록한 計帳

## 이음매 裏書라는 것은?

각지에서 출토된 漆紙文書에는 計帳으로 생각되어지는 문서가 많이 포함되어 있는데 연대가 명기되어 있는 것은 없었다. 나는 그 점에 관해서 다음과 같이 지적하였다.

문서 행에 평행하여 폭 약 0.2㎝ 정도의 세심한 이음매는 원래 문서를 작성했을 때의 종이 이음매이다. (중략) 문서를 작성했을 때 종이 이음매이기 때문에 이음매 좌우 문서는 같은 내용을 가지며 기본적 장부류 帳簿類이고 이음매 배서를 확인할 수 있을 경우 구체적 장부명 및 연기 등이 판명될 일이 충분히 있을 것이다. (『칠지문서의 연구』총론, 1989년)

종이의 이음매에 몇 개의 패턴이 있는 것은 이미 제II장에서 서술하였다. 문서 작성시 종이를 이어 붙이는 경우 이음매의 뒤에 注記가 기록된 예가 있다. 이것이 이음매 裏書로 正倉院文書에서 실제 사례가 나왔다. 예를 들면 다음과 같다.

下總國葛飾郡大嶋鄕養老五年戶籍主帳无位刑部少倭

먼저 지명 다음으로 養老 5年(721)이라는 연대, 호적이라는 帳簿名, 그리고 작성자명(主帳 〈郡司의 최하위〉로 無位의 '刑部少倭'라는 인물)이 기록되어 있다. 正倉院文書에서 帳簿類의 이음매 裏書를 점검해 보면, '지명', '연대', '장부의 종류', '작성자명'의 4개 항목이 일반적이다(기재순서에서 다소의 차이가 있다). 地名의 표기 패턴은 '國+郡+里(鄕)'와 '國(+郡)'으로 크게 두 개로 나뉘고 전자는 호적·計帳에 한정되어 있다.

이와 같은 기재내용을 가진 이음매 裏書가 고대사 연구에서 어느 정도 중요한 것인가를 상상하기 어렵지 않을 것이다. 이음매 裏書를 가진 칠지문서가 머지않아 발견될 것이다. 이러한 확신을 한 나는 각지의 칠지문서 출토 보고에 주목하고 있었다. 그리고 1991년 2월 기다리고 기다린 보고를 받았다. 출토된 곳은 秋田城跡이었다.

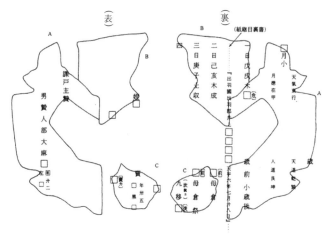

VI-5. 이음매 뒷면(실측도)

## '일기를 적은 것이 아니다!'

秋田城跡調査事務所에서 보내온 사진을 언뜻 보아 曆=具注曆의 단편으로 파악하였다(VI-5 사진). 추정 과정은 여기에서는 생략하고, 제III장에서 서술한 것과 같은 방법으로 검토한 결과 天平寶字 3年(759)의 달력임을 알 수 있었다. 문제는 중앙에 보이는 '出羽國出羽郡' 云云으로, 나는 처음에 일기 풍으로 적어 놓은 것이라고 생각했다. 이미 서술한 것처럼 당시의 달력 행간에 일기를 써놓은 것이 많았기 때문이다. 그렇지만 이것은 바로 부정되었다.

2일·3일, 3일·4일의 행간과 1일·2일의 행간 폭이 확연하게 달랐다. 具注曆은 행간을 일정하게 1년분을 기록하고 있으며, 1일·2일의 행간이 넓은 것은 이미 '出羽國出羽郡' 云云의 1행이 있었기 때문이라고 생각할 수밖에 없다. 즉, 1행은 具注曆이 적히기 이전에 기재된 것이다. 그렇게 되면 생각할 수 있는 것은 이음매 裏書이다. 사진을 계속 바라보고 있으니 '出羽國出羽郡'의 한 중앙에서 이음매와 비슷한 線이 한 줄 있는 것이 아닌가. 흥분한 나는 現物로 확인하고 싶다는 생각에 안절부절 못했다. 그런데 공교롭게도 출장을 갈 수가 없어 秋田城跡調査事務所로 전화를 걸어 사정을 전하니 바로 현물을 보내주었다. 깊은 배려에 감사하면서 나는 하루를 천추의 심정으로 도착을 기다렸다.

2월 20일, 도착한 칠지문서를 상세히 검토하여 폭 약 0.3㎝의 종이 이음매를 확인했다. '出羽國出羽郡' 이하는 이 종이의 이음매로 겹쳐지는 형태로 기록되어 있다. 기다리고 기다리던 이음매 裏書의 출현이다. 문자의 크기는 사방이 약 0.5㎝, 이것도 正倉院文書 帳簿類의 사례와 합치하고 있다.

이음매 裏書라는 것을 알게 되자 결손부분의 추정도 가능해졌다. 지금 보존하고 있는 문자를 다시 한 번 확인해 보자.

出羽國出羽郡井上□□□□天平七月廿八日

'井上'의 다음에는 '鄕'이 있었을 것이다. 『和名類聚抄』에 의하면 出羽國出羽郡에서 井上鄕이 있었다. 또 그 다음에는 △△里라는 里名이 기록되어 있기 때문이다. 즉 결함부분은 4문자는 '鄕△△里'이다.

## 작성 월일이 의미하는 것

그렇다면 호적인가 計帳인가. 이를 결정하는 것은 풍화가 진행되어 묵흔이 거의 보이지 않는 裏(실은 表)의 기재내용이며, '課戶主贄/男贄人部大麻□ ⊏'라고 적혀 있기 때문에 計帳이 틀림없다. 그렇다고 한다면 다음의 문제는 計帳의 어느 단계의 물건인가이다. 計帳手實인가, 計帳歷名인가, 大帳인가.

여기에서 중요한 것은 7월 28일이라는 날짜이다. 율령의 규정은 다음과 같다(戶令 18條).

凡造計帳 每年六月卅日以前 京國官司 責所部手實 具注家口年紀 (중략) 收訖 依式造帳 連署 八月卅日以前 申送太政官

먼저 計帳手實은 6월 30일 이전에 제출되는 것으로 규정되어 있다. 正倉院文書의 近江國 志何郡 古市鄕의 計帳手實을 보면, '天平

二年六月帳', '天平三年六月手實' 등이 있기 때문에 실제로 6월을 제출기한으로 의식하고 있는 점을 알 수 있다. 관련된 흥미로운 사료는 이러한 正倉院文書 중에서 어느 休暇願이다.

기지대성己智帶成이 삼가 解하여 아뢴다. 가일假日을 청청請淸하는 일.
　　합 사흘
이상 계장을 올리기 위해 가일을 청하는 것이 전술한 바와 같다. 이로 解한다.
　　　　　　　天平寶字 6年 7월 9일

대판광천大坂廣川이 解한다. 가일을 청하는 일.
　　합 이틀
이상 계장을 올리기 위해 가일을 청하는 것이 전과 같다. 이로 解한다.
　　　　　　　寶龜 2年 6월 16〔일〕

2통 모두 計帳手實作成을 위해 仮日(暇日=休暇)을 청구하고 있다. '己智帶成', '大坂廣川'은 두 사람 모두 右京의 사람이다. 右京의 경우는 규정상 戶主 또는 戶의 구성원이 手實을 제출하고 있다. 전자는 일자가 7월인데, 天平 5年의 右京計帳手實 제출 일자가 6월 9일~7월 12일에 걸쳐있는 것처럼 7월로 다소 넘어갔다. 그렇다고 하더라도 6월 30일이라는 규정은 유효성을 가지고 있었다.

다음으로 大帳에 대해서는 8월 30일 이전이라고 규정되어 있다. 단, 『延喜式』計帳條에 의하면 陸奥‧出羽國의 경우 1개월 늦춰 9월 30일 이전이라는 열외적인 규정이 적용되었다. 『延喜式』은 10세기 제도를 기록한 것인데, 정세가 불안한 遠隔地(出羽國의 경우, 都까지 약 24일간이 걸렸다)인 점을 고려하면 8세기 단계에서도 1개월의 제출 유예기간이 설정되었다고 볼 수 있다.

그렇다면 計帳手實 제출기한이 6월 30일이며 大帳 제출기한이 8월 30일(陸奥‧出羽國의 경우는 9월 30일)이라면 사료에 적힌 '7월 28일'이라는 일자는 어떻게 생각해야 하는 것일까. 나는 計帳歷名의 작성 월일이라고 추정하였다. 手實의 제출기한에서 1개월 후라는 일자는 그렇게 생각하는 것이 자연스러울 것이다. 즉 날짜로 보면 國府에 두었던 計帳歷名으로 추정하면 틀리지 않을 것이다.

하나의 단편에 불과하지만 이 문서는 計帳제도를 생각하게 해주는 것과 동시에 매우 귀중한 사료가 되었다. 計帳歷名에 대해서는 율령규정은 없고 또 正倉院文書에서도 일자가 기록되어 있는 것은 없다. 즉 일자가 명확히 기재된 計帳歷名의 첫 사례이다.

## 曆과의 관계

그런데 이 計帳의 뒷장에 기록된 曆은 天平寶字 3年(759)이라고 추정된다. 計帳의 이음매 裏書의 일자는 天平 6年(734)이며, 폐기된 것은 天平寶字 2年 단계, 天平寶字 3年의 曆을 書寫하기 직전이기 때문에 20여년에 걸쳐서 보존된 것이다. 이 점에 대해서 검토해 보자.

天平 6年의 이음매 裏書를 가진 計帳은 말할 필요도 없이 天平 5年度의 計帳이다. 그리고 天平 5年은 6년마다 행하는 호적작성의 해(籍年)에 해당된다. 計帳歷名을 기초로 하여 호적이 작성되는 등 計帳이 맡은 역할은 컸기 때문에 歷名을 작성하는 것도 다른 해보다 엄밀하게 행해졌다고 한다. 籍年의 歷名이었던 점이 장기간 보존의 이유였지 않았을까. 폐기된 天平寶字 2年 또한 籍年이다. 즉, 四比(6년마다 쓴 戶籍의 四回分) 24년간에 걸쳐서 보존되었다. 國府에서 문서 보존기간을 생각해보아도 흥미로운 정보를 제공해 주었다.

| | 年　代 | | 造籍 | | | 年　代 | | 造籍 |
|---|---|---|---|---|---|---|---|---|
| 1 | 白　雉 | 3(652) | ○ } 18 | 18 | 延　曆 | 1(782) | ○ } 6 |
| 2 | 天　智 | 9(670) | ○ } 20 | 19 | | 7(788) | ○ } 6 |
| 3 | 持　統 | 4(690) | ○ } 6 | 20 | | 13(794) | ○ } 6 |
| 4 | | 10(696) | ○ } 6 | 21 | | 19(800) | ○ } 6 |
| 5 | 大　宝 | 2(702) | ○ } 6 | 22 | 大　同 | 1(806) | ○ } 6 |
| 6 | 和　銅 | 1(708) | ○ } 6 | 23 | 弘　仁 | 3(812) | ○ } 6 |
| 7 | 和　銅 | 7(714) | ○ } 7 | 24 | | 9(818) | ○ } 6 |
| 8 | 養　老 | 5(721) | ○ } 6 | 25 | 天　長 | 1(824) | ○ |
| 9 | 神　亀 | 4(727) | ○ } 6 | 26 | 寬　平 | 8(896) | ○ } 6 |
| 10 | 天　平 | 5(733) | ○ } 7 | 27 | 延　喜 | 2(902) | ○ } 6 |
| 11 | | 12(740) | ○ } 6 | 28 | | 8(908) | ○ |
| 12 | | 18(746) | ○ } 6 | 29 | 天　曆 | 5(951) | ○ } 10 |
| 13 | 天平勝寶 | 4(752) | ○ } 6 | 30 | 應　和 | 1(961) | ○ } 6 |
| 14 | 天平寶字 | 2(758) | ○ } 6 | 31 | 康　保 | 4(967) | ○ } 6 |
| 15 | | 8(764) | ○ } 6 | 32 | 天　延 | 1(973) | ○ } 7 |
| 16 | 寶　龜 | 1(770) | ○ } 6 | 33 | 天　元 | 3(980) | ○ |
| 17 | | 7(776) | ○ } 6 | 34 | 長　德 | 4(998) | ○ } 6 |
| | | | | 35 | 寬　弘 | 1(1004) | ○ |

# 4. 주민 이동異動의 기록 – '戶口損益帳'의 발견

## 正倉院의 '陸奧國戶口損益帳'

正倉院文書 중에 '陸奧國戶口損益帳'이라고 부르는 장부가 있다. 2斷簡, 40행만 남겨져 있다. 岸俊男 씨의 연구 성과에 의하면 이 문서는 大寶 2年(702)의 호적작성(造籍) 이후, 다음 회 작성년도인 和銅 元年(708) 사이에 생긴 각 戶내의 戶口의 이동을 집성한 것으로(율령의 규정에서는 戶籍은 6년에 한번 만든다), 計帳의 別項기재를 알맞게 모아놓은 것에 해당하고 戶籍이 아니라 戶籍損益帳이라고 부를 수 있는 것이다. 그 기재의 예를 들면 다음과 같다.

(1) 戶主三枝部母知戶

　戶主弟諸忍 年卅六 正丁

　戶主姑古奈 年六十三 老女　　　上件二人 大寶二年死

　(중략)

　戶主弟古須兒久波自 年廿一 正女　大寶二年籍後 嫁出往郡內郡上
　　　　　　　　　　　　　　　　　里戶主君子部波尼

　　　　　　　　　　　　　　　　　多戶 戶主同族阿佐麻呂爲妻

(2) 戶主丸子部忍 年八十四 耆老　　大寶二年籍里內戶主丸子部戶
　　　　　　　　　　　　　　　　　戶分拆移來

　(중략)

　次平刀自 年十 少女　　　　　　上件六人 忍從移來

(3) 戶主大田部赤麻呂 年廿五 正丁　大寶二年籍郡內郡上里戶主大
　　　　　　　　　　　　　　　　　田部伊須伎戶主子

　　　　　　　　　　　　　　　　　今爲戶主 全戶移來


　　(1)은 '三枝部母知'戶로 2人이 사망한 것, 또 혼인(久波自라는 여성이 郡內의 郡上里의 戶主 '君子部波尼多'의 동족 阿佐麻呂의 妻이다)으로 인해 변동이 생겨 기입하고 있다. (2)는 分家·移住('丸子部子'의 戶인 '丸子部忍'이 독립해서 이동해 왔다). (3)은 1家가 전체 이주한 것이다(郡上里의 戶主 '大田部伊須伎'의 아들 '大田部赤麻呂'가 戶主가 되어 全戶가 이주해 왔다).

VI-6. 多賀城 중축中軸 도로 유적

즉 이와 같은 戶口損益帳은 이후 天平 5年(733)의 右京戶口損益
帳이 正倉院에 남아 있을 뿐이며 이것 또한 30행의 斷簡에 불과하다.

## 多賀城에서 발견된 草案의 단편

1979년 多賀城跡의 남쪽 전면에 발굴조사를 시작하였다. 지금은
한쪽 면이 논지대이고 당시도 저습지였기 때문에 조사 전에는 그다지

큰 시가지를 만들 수 없었을 것이라고 생각하였다. 그런데 조사가 시작되자 그 예상을 뒤엎는 성과가 잇달아 생겼다(발굴조사는 현재도 계속 진행 중이다).

폭 12m의 東西道路跡, 직각으로 교차하는 3m 폭의 南北道路跡이 먼저 발견되어 1993년에는 多賀城 외곽 남문에서 곧바로 남쪽으로 이어지는 폭 23m의 '朱雀大路'라고 부를 만한 中軸道路跡이 발견되었다. 그리고 東西道路를 접하는 國司의 館을 비롯하여 수많은 建物跡이 검출되었다. 일대 지방 도시인 多賀城의 시가지가 점점 베일을 벗기 시작하였다.

도로로 세밀하게 구획된 官衙群 중에서 漆工房跡도 확인되었다. 漆 부착토기와 漆紙文書가 다수 출토되었을 뿐만이 아니라 하루하루 작업을 기록한 대형목간도 발견되었으며, '土漆(漆下地)' 등 漆塗 작업이 기록되었기 때문에 거의 틀림이 없다고 판단되었다. 거기에서 출토된 漆紙文書 중에서 '戸口損益帳'과 같은 문서단편이 있었다.

이 문서는 많이 파손되어 있었으며 출토된 때는 십여편의 단편에 지나지 않았다. 그것을 접합해서 분석한 결과 직접적으로 접해있지 않는 6개의 斷簡(a~f)인 것을 알 수 있었다. 잔존한 漆液의 형상에서 추정하여 지름 약 16㎝로 보인다. 보존된 6개 斷簡을 합친 크기는 그 약 2분의 1 정도였다. 판독문을 다음에 게재한다(상단은 '漆面', 하단은 '앞면').

〔a단간〕

〔七?〕
年卅□

□麻呂年□

子マ麻萬蘇年

弟君子マ足麻

得年卅四

年十九

年十七

年卅七

□七

□

〔興?奧?〕
戶□

〔苅?〕
陸奧國□

〔大?〕
□伴

〔b단간〕

白髮マ

〔문자 없음〕

〔c단간〕

刀自女

〔女?〕
□財マ刀

〔d단간〕

君子マ□　　　　□　□

□件□人從□麻呂來　　〔濟?〕
　　　　　　　　　　　□王敬
戸里戸主神人マ千□

件二人從


〔e단간〕

□　□　　　　　□知□

　　　　　　　　□行□


〔f단간〕

　　　　　　　　□

　　　　　　　　□國人　　〔マ는 部의 약자〕


　　여기에서 중요한 것은 漆面이다. 漆이 전면에 얇게 부착되어 코팅
되었기 때문에 묵흔은 거의 완전하게 보호되었다. 단, 漆面에서 문자
를 읽어야 하기 때문에 번진 것처럼 보인다. 이 문서에서 주목해야만
하는 것은 인명을 列記한 후인 다음 부분이다(d斷簡).


　　□件□人從□麻呂來
　　戸里戸主神人マ主□

VI-7. 호구손익장?(약측도)

앞서 서술한 '陸奧國戶口損益帳'을 참조하길 바란다. 전자는 (2)의 '次乎刀自'의 항목에 기록된 '上件六人, 忍從移來', 후자는 (3) '戶主大田部赤麻呂' 중의 語句 '郡上里戶主大田部'와 매우 유사하다. 또 a斷簡에서 분명해진 것처럼 남녀 순으로 戶口를 배열하고 있는데, 이것도 '陸奧國戶口損益帳'과 공통된 형식이다.

正文[*]은 호적과 함께 중앙에 제출되어 國府에서는 下書·草案이 보관되었다.

이 문서는 붓놀림이 빠른 서체인 점, 墨界線이 없는 점, 행간을 거의 없앤 점, '部'의 字體가 略字體 'マ'인 점 등으로도 下書·草案일 것이다.

• 정문正文: 문서의 원본.

따라서 '陸奧國戸口損益帳'라고 볼 수 있는 성격의 장부이다. 草案은 대부분의 경우 正文이 작성되면 그 용도를 다하여 폐기되었다.

## 작성 연대는 언제인가

다른 하나의 문서인 '앞면'의 문서는 戸口損益帳 초안의 폐기 후에 그 종이 뒷면을 이용하여 적은 것이다. 일반적인 문서로 보이지만, 결손된 부분이 많아 성격을 추정하기 어렵다. 다만 여기에서 생각지도 못한 고유명사를 찾아낼 수 있었다. 그리고 그것은 戸口損益帳 초안 작성 시기를 추정할 수 있는 실마리가 되었다.

'濟王敬'. 이것은 百濟王 敬福(698~766)이라고 봐도 무방하다. 百濟王 일족은 이름 그대로 한국에서 번영했던 백제(660년 멸망)의 왕족 후손으로서 중앙 정계에서 큰 세력을 가지고 있었다. 백제왕 경복은 陸奧守 재임시에 東大寺의 盧舍那佛 건립에 황금 9백량을 공헌한 것으로 유명한데, 陸奧國과의 관계는 언제 생긴 것일까. 正倉院文書 중 天平 10年에 수록된 '上階官人歷名'에 '陸奧介百濟敬福'라는 기록이 있다. 『續日本紀』에는 임관기사가 없지만, 天平 15年(743)에 陸奧守로 임명되었던 점을 본다면 임기 한도 5년이라는 것을 고려해서 天平 10年(738)이 介(次官)의 임관시기로 봐도 무방하다. 백제왕 경복은 天平 18年(746) 4월에 上總守로 일단 임명되었지만 9월에는 다시 陸奧守로 되었고, 天平勝寶 2年(750) 宮內卿이 되어 陸奧國을 떠났다. 따라서 백제왕 경복이 陸奧國과 관련이 있는 시기는 天平 10年에서 天平勝寶 元年까지였다.

이러한 점을 토대로 背紙文書는 天平 10年 이후로 추정된다. 또 鄕里制가 폐지된 것은 天平 12年이기 때문에 戶口損益帳의 '□戶里'라는 표기에서 보면, 鄕里制에서 造籍과 함께 작성되었을 것이다. 이 시기 전후, 6년마다 造籍이 행해지는 해(籍年)는 神龜 4年(727), 天平 5年(733), 天平 12年(740), 天平 18年(746)이다. 초안은 正文이 완성되면 불필요해지기 때문에 籍年으로부터 얼마 지나지 않은 시기 아니면 길어도 다음 籍年에 폐기되었을 것이다. 그렇다면 神龜 4年과 天平 18年일 가능성은 거의 없다. 즉, 天平 5年 아니면 天平 12年이라는 결론을 얻을 수 있다.

지금까지 참으로 조그마한 斷簡 2통으로만 알려져 있던 戶口損益帳이 첫 출토사료로서 발견된 의의는 크다.

---

• 향리제鄕里制: 717년부터 739년까지 실시된 지방행정제도. 대보령大寶令(701년 제정)으로 군郡 밑에는 이里를 설치했으나 이里를 향鄕으로 개칭하고 또한 그 밑의 하급 단위로 이里를 설치하였다. 그런데 739년경에 이里가 폐지되어 지방행정조직은 국-군-향 3단계제가 되었다.

# 5. 공영 고리대公營高利貸 장부

## 『日本靈異記』의 설화

불교 설화집『*日本靈異記』에 이러한 이야기가 있다. *讚岐國 美
貴郡 長官의 부인인 田中廣虫女는 막대한 재산을 가지고 있으며 갖
가지 악랄한 수단으로 재산을 벌어 들였다. 술에 물을 섞어 팔고, 물
건을 빌려줄 때는 작은 되를 사용하고 받을 때는 큰 되를 사용했다. 이
자는 사정을 봐주지 않고 징수하고 10배 때로는 백배의 이율이라는
방식이었다. 廣虫女는 얼마 되지않아 병으로 몸져누워 꿈속에서 염라

• 『일본영이기日本靈異記』: 일본 최고 불교설화집. 822년경 작성. 전3권.
• 찬기국讚岐國: 현재의 향천현香川縣.

대왕이 죄를 물은 후 허망하게 죽어 버렸다. 그런데 그 7일후, 廣虫女
는 이마에 뿔이 돋아나고 상반신은 소가 되어 몸의 반은 소의 모습으
로 소생하였다. 밥은 먹지 않고, 풀을 되새김질하여 먹었다. 놀란 주위
의 사람들이 절에 재물을 기진하고 貸借를 소멸시켜 죄를 가볍게 하니
그녀는 다시 죽어버렸다.

그렇다면 이 이야기에서 나온 廣虫女가 축적한 재물은 郡役人인
남편의 지위에 편승한 것이며 그 중 제일이 出擧이었을 것이다. 즉 봄
과 여름 2회, 벼를 농민에게 빌려 주고 가을 수확기에 5할(또는 3할)의
이자를 붙여서 갚는 제도로 말하자면 공영 고리대제도이다. 사실상
세금인 것이다.

유명한 萬葉歌人 大伴家持는 越中國守 재임 중인 天平 20年(748),
3월 상순에서 중순에 걸쳐서 국내를 순행하고 있는데, 이는 出擧 업무
를 시찰하기 위함이었다. 그의 歌日記에서는 각 군의 景勝地에서 읊은
歌가 남겨져 있는데, 낭만의 뒷면에는 혹독한 현실이 존재했던 것이다.


## 出擧事務 문서


그렇다면 出擧는 구체적으로 어떻게 행해진 것인가. 鹿の子C 유
적에서 발견된 出擧관계의 漆紙文書는 지금까지 알려져 있지 않은 몇

가지 새로운 사실을 말해주었다. 열거해보자.


(1) 봄 3월과 여름 5월 2회로 거의 동일하게 出擧하고 있다.

(2) 出擧額은 '10'에서 '40'까지. 모두 10묶음을 단위로 한다.

(3) 숫자상에서는 朱筆로 圈占(丸印)이 가해져 체크된 것을 나타 낸다.

(4) 9월 반납할 때에는 布로 代納도 하고 있다.


흥미롭게도 이 장부는 앞뒤 양면에 쓰여져 있다. 일련의 장부를 양면에 기입한 사례는 이제까지 없었다. 아마도 郡家에서 出擧 사무용으로 작성하여 郡家에 보관한 문서였을 것이다. 朱筆로 체크된 표시와 9월의 수납기재 등도 그것을 증명한다. 諸國의 出擧 및 수납의 사무는 郡司에 의존한 것이 틀림없기 때문에 이와 같은 문서 존재는 납득할 수 있다.

최근 각지에서 출토된 목간 중에서도 出擧관계의 목간이 눈에 띈다. 埼玉縣 行田市 小敷田 유적에서 출토된 목간은 거기에서 나타난 숫자로 보아 이자 5할의 公出擧가 실시된 것을 증명한다. 앞으로 지방에서 出擧의 실태를 이야기 할 수 있는 목간·칠지문서 등의 출토가 크게 기대된다.

## 國司와 郡司의 부정 증거

그런데 지방 유력자 중에서 國司와 결탁해서 돈을 번 사람도 있었다. 벼를 빌린 농민이 죽으면 그 부채는 모두 면제된다는 제도의 맹점을 이용한 것이다. 正倉院文書 중에 '備中國大稅負死亡人帳'이 그 증거이다.

면제에 해당하는 사망자를 써 놓은 명부를 보면 사망월은 3월과 5월·6월이 압도적으로 많고, 貸付額도 다른 월에 비교해서 다액이며, 12월·1월·2월은 왜인지 사망자가 0이다. 鹿の子C 유적 출토의 出擧事務 문서에서 알 수 있는 것처럼 봄 3월과 여름 5월은 貸付기간이다. 즉, 대부기간에 그 이전에 사망한 농민 이름으로 다량을 빌린 후 사망신고를 하여 返濟를 면제받는다는 교묘한 속임수이다.

이러한 조작은 농민들의 힘만으로는 할 수 없다. 國司와 郡司가 결탁한 부정행위이다. 그러나 누가 봐도 부자연스러운 장부가 당당하게 중앙의 서류조사를 통과한 것은 왜일까. 실은 정부도 알고 있으면서도 모른척 한 것이다. 필요한 재원이 확보되어 수익이 남으면 國司들의 수입으로 해도 좋다는 암묵적인 승인인 것이다(이후에는 정식으로 인정되었다). 실제로 재지유력자의 협력 없이는 出擧제도가 기능할 수도 없었다.

# 6. '논의 戸籍' = 검전장檢田帳

## 田籍관계문서는?

작성된 호적은 班田收授[*]를 위한 臺帳으로 기능한다. 班田收授를 실시하기 위해서는 전답의 장부도 준비해야 한다. 그것이 '班田圖' 또는 '田籍'이라고 부르는 田籍관계 문서이다. 田籍과 관계있는 흥미로운 漆紙文書가 1986년 鹿の子C 유적의 동쪽 인근 鹿の子 유적 f지구에서 출토되었다.

---

• **반전수수班田收授**: 율령제하 토지에 관한 제도. 6세 이상 모든 남녀에게 일정한 면적의 구분전 □分田을 나눠 주어 경작하게 하고 죽으면 국가가 회수했다. 7세기 말부터 본격적으로 실시했는데 8세기 후반에는 점차 실시되지 않게 되어 10세기 초에는 폐절되었다.

天平十四年田籍       渕里二

    籍在布久良里卅五

  田籍在布久良里□

年田□在布久良

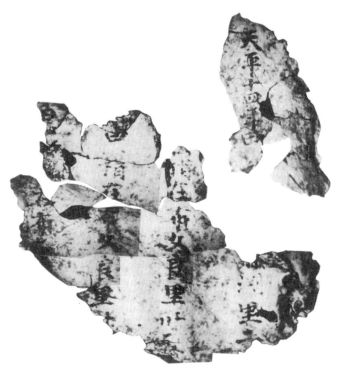

VI-8. 전적 관계 문서?

이것을 왜 田籍관계 문서로 판단할 수 있는가를 말하면 里+坪 번호의 서식으로 되어 있기 때문이다. 班田收授에 해당되는 口分田은 법률상으로는 條里制로 구획된 水田으로 남자는 二段(거의 2,400㎡), 여자는 그 3분이 2인 1段 120步(거의 1,600㎡)였다. 1段은 360步. 그 口分田의 위치를 나타내는 것이 里+坪 번호의 방식이다. 그렇다면 이 문서는 어떠한 성격을 가진 것일까.

## 조사의 기준 – '四証圖籍'

'班田制'와 '田籍'이 전국적으로 정비되어 양식도 통일된 것은 天平 14年(742)이다. 이후 天平 14年, 天平勝寶 7年(755), 寶龜 4年(773), 延曆 5年(786)의 班田圖·田籍은 '四証圖籍'이라 하고 이후의 田地의 조사 기준이 되었다. 참고로 제시한 弘福寺 檢田帳[*]의 坪 표시의 변화를 봐 주십시오(VI-9 도표). 坪 표시가 동일한 방향으로 하나씩 엇갈려 있다. 田籍관계의 문서를 조사해 살펴보면, 가끔씩 坪 표시 異同에 대한 점검 작업을 한 흔적을 엿볼 수 있다. 이 단편도 그것에 관련되

• 홍복사弘福寺: 천원사川原寺라고도 한다. 7세기 후반에 천지천황天智天皇이 어머니인 제명천황齊明天皇의 명복을 빌기 위해 창건했다고 한다. 절터가 나량현奈良縣 명일향촌明日香村에 남아 있다.

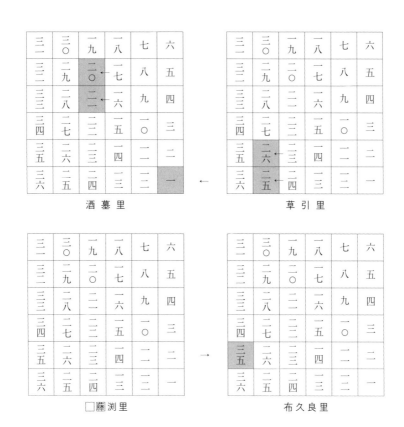

VI-9. 坪 표시의 변화(上 弘福寺 檢田帳에서. 下 鹿の子 유적 f지구)

는 것이다. 즉, 弘福寺 檢田帳의 경우와 같이 藤渕里 二坪에서 布久
良里 三五坪으로 평행 이동하고 있다. 복원안은 다음과 같다.

天平十四年田籍在□藤渕里二坪

天平勝寶七歲田籍在布久良里卅五坪

寶龜四年田籍在布久良里卅五坪

延曆五年田籍在布久良里卅五坪


즉, 天平 14年 그림에서는 '藤渕里二坪'이었으나 天平勝寶 7年 이후 '布久良里'로 소속이 변경되었다. 그 결과 坪 번호 '二坪'이 '卅五坪'이 된 것을 나타내는 것이다.

이와 유사한 것으로 특정 개인에 대해서 호적을 대조 교합한 '勘籍'[*]이 있다. 예를 들면 다음과 같다.


山代伊美吉大村年卅五

天平十八年籍 河內國石川郡紺口鄉 戶主山代伊美吉大山男山代伊美吉大村年卅二注

天平十二年籍 紺口鄉 戶主大初位上山代伊美吉大山戶口山代伊美吉大村年廿六注

天平五年籍 餘戶鄉 戶主少初位下山代伊美吉東人戶口山代直大村十九注

神龜四年籍 波太鄉 戶主山代直大山戶口山代直大村十三注

養老五年籍 山代鄉 戶主從六位上山代伊美吉眞作戶口山代伊美吉大山廿四注

　　　天平勝寶二年三月廿三日　　　　　　　　　　　　(『大日本古文書』25)


- **감적勘籍**: 관인이나 관승이 될 때에 호적을 추적 조사하여 그 신원을 살피기 위한 행정 수속. 감적으로 율령제 여러 부담이 면제되었다.

天平勝寶 2年(750)에 가장 최근의 호적인 天平十八年籍(746)부터 6년마다 쓴 5회분의 호적에서 당사자가 어느 戶에 속해있는가 戶主와의 관계는 어떻게 되어 있는가를 점검하고 있다. 현재 호적초본과 유사한 고대 신분증명 방법이다.

이에 견주어서 생각하면 발견된 문서는 마치 田籍의 이름처럼 '田의 호적'이라고 할 수 있다. 그리고 이것은 지금까지 전혀 알려지지 않은 새로운 양식의 문서이다. 이외에도 田籍에 관련된 미지의 양식인 檢田帳이 계속 발견되고 있어 기대가 크다.

# 7. 人口推計의 새로운 증거

## 澤田吾一 씨의 선구적 업적

1920년(大正 9) 가을, 東京帝國大學 文學部 국사학과에 환갑을 맞아 東京高商 교사직에서 이제 막 퇴직한 澤田吾一 씨가 재입학하였다. 널리 사용되고 있는 수학교과서의 저자로 이미 저명한 澤田 씨는 동경제국대학 국사학과를 졸업하자마자 奈良時代의 인구를 논한 박사논문을 제출하였다. 그런데 박사논문은 심사되지 않은 채 지도교수의 수중에 있던 중에 澤田 씨는 병사해 버렸다. 외국어 원서를 인용하여 수학이론을 종횡으로 구사하였기 때문에 다른 국사학자들은 심사하지 못했다고 한다(靑木和夫,『奈良の都』).

澤田 씨의 인구 산출법을 간단하게 말하면 다음과 같다. 『續日本

紀』에서 1鄕당 세금의 부담자(17세부터 65세까지의 남자)는 330人으로 정해져 있는 점에서 착안하여, 먼저 正倉院文書의 8세기 호적에서 성별·연령별의 인구통계를 만들어 17세부터 65세까지의 남자가 점하는 비율을 산출하면 23.58%이다. 거기에서 330人을 0.2358로 나누면 1,399人이 되어 이것이 1鄕의 총인구가 된다. 『倭名類聚抄』에 의하면 전국의 鄕數는 4041. 결국 여러 가지 요소를 감안해서 1,399人의 약 4,000배, 560만명을 奈良時代의 일본 인구로 推計한 것이다. 이 인구에서 천민을 포함한 총 인구 600~700만인이라는 수치는 단순히 奈良時代 인구에 대해서만 정설로 되었을 뿐만 아니라, 거슬러 올라가는 繩文時代와 弥生時代의 人口推計에도 이용되는 등 인구를 연구할 때 기준으로 자리잡았다.

## 확실한 증거가 되는 사료의 등장

鹿の子C 유적의 漆紙文書 중에 이채로운 사료가 있다. 겨우 數行에 불구하지만, 常陸國 게다가 일본고대의 총인구를 추정하는 것에 큰 역할을 한 것이었다.

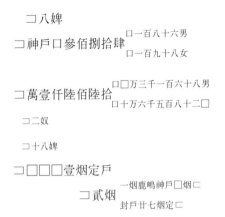

```
コ万六千匚

  コ八婢
                   口一百八十六男
  コ神戸口參佰捌拾肆
                   口一百九十八女

                   口□万三千一百六十八男
  コ萬壹仟陸佰陸拾
                   口十万六千五百八十二□

   コ二奴

   コ十八婢

 コ□□□壹烟定戸
                 一烟鹿嶋神戸□烟匚
       コ貳烟
                 封戸廿七烟定匚
```

　鎌田元一 씨가 이 문서를 상세하게 검토하고 추정작업을 시험해 보았기 때문에 그 성과를 소개하고 싶다(「日本の人口について」, 『木簡研究』 6, 1984년).

　이 문서는 神戸(神社에 속하여, 租庸調를 神社에 납부한 神社 부근의 농민), 封戸(皇族과 諸臣의 위계 · 관직 · 훈공에 따라 봉록으로 준 民戸. 그 民戸가 내는 租의 반액과 庸調의 전부를 받았다), 官戸(神戸 · 封戸 등을 제외한 일반公民)로 나눠 1國 및 각 郡의 戸數 · 口數를 집계한 것이다. 현존하는 부분 앞에 1國 전체의 戸數 집계, 계속해서 1國 전체의 口數 그 내역으로 神戸 · 封戸의 口數를 기재하였을 것이며, 현존 1~2번째 행은 거기에 이어지는 내역 중의 官戸口數의

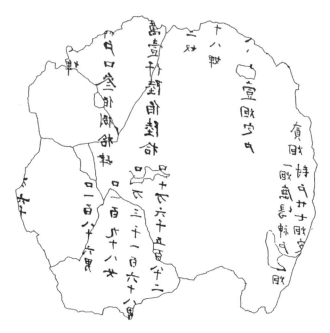

VI-10. 인구 推計의 새로운 사료(실측도)

기재로 본다. 그리고 이에 神戶의 新設(A案) 혹은 停廢(B案)를 가감

하여, 'ㄱ萬壹仟陸佰陸拾(ㄱ萬一六六〇)가 현재 官戶口數를 나타

내고 있다고 해석한다.

〔A안〕

コ☐壹拾玖萬貳仟肆拾肆　口八万三千三百五十四男
　　　　　　　　　　　口十万六千七百八十女

　☐匚　　コ二奴

　☐匚　　コ卅八婢
　　　　コ神戸口參佰捌拾肆　口一百八十六男
　　　　　　　　　　　　　口一百九十八女

コ☐壹拾玖萬壹仟陸佰陸拾　口八万三千一百六十八男
　　　　　　　　　　　　口十万六千五百八十二女

　☐匚　　コ二奴

　☐匚　　コ十八婢

コ☐☐拾壹烟定戸
　　　コ參拾貳烟　一烟鹿嗚神戸四烟匚
　　　　　　　　封戸廿七烟定匚

〔B안〕

コ☐壹拾玖萬貳仟貳佰柒拾陸　口八万二千九百八十二男
　　　　　　　　　　　　　口十万六千三百八十四女

　☐匚　コ二奴

　☐匚　コ卅八婢
　　　　コ神戸口參佰捌拾肆　口一百八十六男
　　　　　　　　　　　　　口一百九十八女

コ☐壹拾玖萬壹仟陸佰陸拾　口八万三千一百六十八男
　　　　　　　　　　　　口十万六千五百八十二女

　☐匚　　コ二奴

```
□匚    匚十八婢
匚□□拾壹烟定戸
                  一烟鹿嶋神戸四烟匚
□参拾貳烟
                  封戸廿七烟定匚
```

이 문서는 官戸 부분만 있지만, 延曆年間(782~806) 쯤의 常陸國 1國의 인구를 남녀별 내역・良賤별 내역을 함께 정확하게 알 수 있다.

한편 결실되어 있는 神戸・封戸의 口數도 다른 사료에서 거의 3만 2,000~5만 3,000인이라고 계산된다. 본 문서에 의해서 알 수 있는 官戸 총인구 19만 1,660에 이를 더한다면 당시의 常陸國의 총인구는 약 22만 4,000~24만 4,000인이 된다.

상세한 논증 과정은 생략하나 鎌田 씨는 이것을 기초로 奈良末~平安初期의 국가 장악 인구를 약 540~590만인이라고 추정하였다(또한, 8세기 전반의 국가 장악 인구에 대해서도 440~450만인으로 산출하고 있다).

終章

지하의 正倉院文書

적외선 필름 사진(大浦B 유적 출토 具注曆) 적외선 텔레비전 사진 (III-3의 사진)에 비해 재질감을 잘 알 수 있다. 勝田徹 씨 촬영.

# 曆의 연대를 나타내는 물건

漆紙文書가 가져온 새로운 정보를 문서의 성격별로 정리했다. 마지막으로 다시 한 번 漆紙文書의 사료로서의 특질을 생각해 보자.

그렇다면 주의 깊은 독자는 이미 눈치 챘을 지도 모르지만 유적마다 출토된 漆紙文書의 연대가 의외로 좁게 한정되어 있고 집중하는 특정 연대(추정 연대를 포함)가 있다. 이것은 漆紙文書가 왜 유존하였던 것인가라는 문제와 깊이 관련되어 있기 때문에 이것부터 이야기 해보자.

집중되어 있는 연대를 살펴보면 해당유적의 획기에 해당하는 시기인 점을 알 수 있다. 具注曆을 나열하면 더욱 알기 쉽다. 多賀城의 曆은 寶龜 11年(780), 伊治呰麻呂의 난에 의해서 多賀城이 소실되는 대사건이 있었던 해이다. 胆澤城 具注曆은 延曆 22年·23年(803·804)이며 胆澤城 조영(延曆 21年)의 직후이다. 秋田城의 曆은 天平寶字 3年(759), 이것 또한 秋田城의 큰 변혁과 관계된 해이다. 제 I 장에서 이미 서술한 것처럼 이때의 권력자 藤原仲麻呂는 그 아들 朝獦을 동북지방으로 보냈는데, 朝獦은 陸奧 桃生城과 出羽 雄勝城을 天平寶字 3年에 완성시키고 계속해서 多賀城(陸奧國府)·秋田城(出羽國府)의 조영사업에 착수했다. 天平寶字 4年 경에는 대규모 개혁공사가 시작되었다. 秋田城 창건은 天平 5年(733)이지만(당초

는 '出羽柵'이라고 불렀다), 『日本書紀』延曆 23年 11월조에서는 秋
田城에 대해 다루면서 '建治以來卅余年'이라고 서술하고 있으며, 760
년 전후에 '建置'했다는 의식을 엿볼 수 있다. 이 시기에 창건과 다름없
는 대사업이 행해졌던 점을 나타내는 증거이다.

이상의 사정은 城柵에 한정되어 있지 않다. 武藏臺 유적의 曆은
天平寶字 元年(757)이다. 武藏 國分寺가 완성되었다고 추정되는 해
이다. 또, 常陸國府 工房으로 보이는 鹿の子C 유적의 경우도 마찬가
지이다. 출토된 曆은 延曆 9年(790), 전년부터 '征夷'를 위한 격렬한
전투가 시작되었다. 延曆 9年 閏3월의 勅에서는 蝦夷정벌을 위해서
諸國에서 '革甲二千領'을 만들게 하였다. 延曆 9年부터 14년에 걸쳐
서 胆澤・地波지방의 蝦夷를 토벌하기 위해 征夷大使大伴弟麻
呂・副使坂上田村麻呂가 이끌고 간 군대는 10만이라는 공전의 규
모였다. 陸奧國에 인접한 常陸國의 무구 생산 공장(鹿の子C 유적)은
전력으로 생산했을 것이다. 延曆 9年 전후는 정말로 긴박한 상황 하
에 있었던 것이다.

이상의 연대는 曆으로 그친 것이 아니라 다른 문서에도 영향을 미
쳤다. 각각 유적의 역사적 획기에 대량의 漆紙文書가 출현하고 있다.

## 왜 특정기간에 집중하는가

조영과 수리가 대대적으로 행해진 시기에 문서가 많은 이유는 명백하다. 건물과 생활도구·가구의 漆塗작업이 왕성하게 행해지면 종이 덮개를 사용하기 위해 휴지도 일시적으로 많이 필요하게 되기 때문이다.

전형적인 예로는 多賀城이 있다. 최초의 漆紙文書 발견 지역인 多賀城의 政廳 서남부에서 출토된 것은 寶龜 11年(780)에서 延曆 2年(783)까지로 4년간으로 한정되어 있다. 제Ⅱ장에서 다루었던 解文이 모두 '寶龜 11年 9월'이었던 것을 생각해보자. 伊治砦麻呂의 난에서 겨우 반년 후이다.

政廳 복구 작업은 급하게 실시되었던 것 같고 재건된 건물의 漆塗도 다시 급하게 해야 했을 것이다. 그 상황에 대응하는 사실이 있다. 漆紙文書로서 남아있는 寶龜 11年의 解文類에서 紙背文書가 전혀 없는 것이다. 正倉院文書의 예를 들 필요도 없이 당시는 종이 뒷면이 이용된 후에 폐기되는 것이 일반적이었다. 이것은 多賀城 복구라는 긴급한 일로 다량의 휴지 종이 조달이 행해지기 위해서 종이 뒷면을 이용할 여유가 없었다는 사정을 나타내주는 것이 아닐까.

다른 흥미로운 데이터도 있다. 政廳 서남부 출토의 漆紙文書를 상세하게 관찰하면 종이덮개에 부착된 漆은 대부분 주걱으로 긁어내지

않았기 때문에 漆이 두껍게 부착되어 있다. 이 점은 鹿の子C 유적의 漆紙와는 확연하게 다르다. 鹿の子C유적의 경우는 항상 무구 · 무기를 포함하여 공예품 제작에 해당되어 그런지 종이덮개에 부착한 漆은 깨끗하게 긁어져 있다. 건물과 공예품의 차이도 있을 터이지만, 역시 漆塗작업이 급하게 행해진 것을 반영하고 있다.

## 정보를 알아내는 방법

연대가 한정되어 있는 경우가 많지만, 漆紙文書 발견의 의의는 실로 크다. 奈良時代 諸國에서 중앙으로 上申된 文書類 일부는 正倉院文書로 남겨져 있지만, 지방의 役所에 보관되었던 문서는 正倉院에서도 몇 사례 밖에 없으며 이것 또한 거의 알려지지 않았기 때문이다. 율령에 의해서 원칙은 알고 있어도 실제로는 어떠했는지 확인할 수 없다. 지금까지 누누이 서술했던 것처럼 漆紙文書가 처음으로 단서를 제공해 준 것이다.

아무리 漆의 힘으로 지켜졌다고 하더라도 수천 년 이상이나 땅속에 있었던 이상 단편만 남겨져 있는 것은 어쩔 수 없다. 그러나 단편이라도 풍부한 정보를 얻을 수 있다. 이것은 正倉院文書를 시작으로 하는 현존 諸文書와 비교 · 참고하면서 일정 정도 원래 상태를 복원하는 것이 가능하기 때문이다. 이 점이 목간과 다른 점이다. 지금까지 서술했던 점에서 이미 그 유효성은 알고 계실 것이라 믿고 마지막으로 정말로 작은 단편에서 정보를 빼내는 전형적인 사례를 들고자 한다.

秋田城 제13호문서가 있다. 이 문서는 두 개의 작은 단편으로 되어 있다. 앞면에는 出擧관계 문서로 생각되는 인명표기가 있으며, 뒷면에는 '國司/從五位下行守', '郡司/少領'의 문자만 보인다(初行에 殘劃이 있다). 상세한 논증 과정은 생략하지만, 界線(橫線)을 긋는 방법과 접는 선 등을 검토해서 위치관계를 추정 복원할 수 있었다(終-1 그림). 이 추정에 도움이 된 것은 滋賀縣 石山寺에서 전해오는 '越中國官倉納穀交替記'(終-2 그림)이다. 延喜 10年(910) 경에 國司를 교체할 때에 작성된 공문의 일부로 이 장부에서는 國司·郡司의 官位 姓名이 반복되어 기입되어 있다.

이 단편은 '越中國官倉納穀交替記'와 같은 성격의 문서 일부였음에 틀림없다. 그리고 몇 개인가의 흥미로운 정보도 알려주었다. 本文書와 '交替記'를 비교해서 國司와 郡司가 기록된 높이가 다른 것을 먼저 주의해야 한다. 본문서에서 國司가 2段 위에서 쓰기 시작한 것에 비

---

• 「월중국관창납곡교체기越中國官倉納穀交替記」: 910년경 월중국(현재의 富山縣) 국사가 교체할 때 쌀을 보관하는 창고를 인계하기 위해 작성된 공문서.

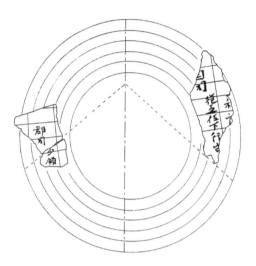

終-1. 단편 위치 관계 추정

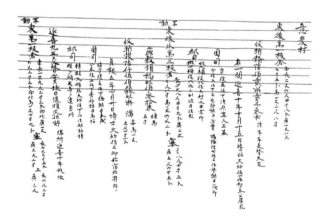

終-2. 「越中國官倉納穀交替記」의 일부(모사)

해서 '交替記'에서는 같은 높이이다. 율령제 하에서는 중앙에서 파견된 國司와 지방호족의 郡司는 확연한 차이가 있으며, 예를 들면 郡司가 國司를 만날 경우는 말에서 내리는 것이 원칙이었다. 10세기의 '交替記'는 國司 · 郡司를 같은 열에 기입하고 있지만 8세기의 본문서는 확연한 차이를 주고 있다. 당시 원칙이 엄연하게 지켜지고 있는 것을 증거로 볼 수 있는 것이다.

보다 중요한 것은 '國司/從五位下行守'의 기술이다. '行'은 자신이 맡고 있는 位가 관직에 해당하는 位보다 높은 것을 말한다. 율령에서는 官位相當制라는 원칙이 있으며 각각의 관직에 적합한 位가 정해져 있고, 그 位의 사람이 해당 관직을 맡는 것으로 정해져 있었다. 즉, 從五位下인 사람이 位에 해당하는 본래의 관직이 아니라 보다 낮은 位인 사람이 맡아야 할 관직(이 경우는 出羽國守)에 있음을 보여준다. 그렇다면 出羽國守에 해당하는 位는 무엇인가. 율령의 규정으로는 諸國은 大國 · 上國 · 中國 · 下國으로 나뉘어져 있고 大國守는 從5位上, 上國守는 從5位下, 中國守는 正6位下, 下國守는 從6位下가 相當位였다. 出羽國은 大 · 上 · 中 · 下 중에서 어디에 해당하는가.

실제로 지금까지 『延喜式』의 기재에 따라서 出羽國은 上國으로 보았었다. 그런데 이렇게 보는 것에 모순이 생겼다. 上國의 國守 相當位는 從五位下이기 때문에 '行'이라고 되어 있는 것은 이상한 점이다.

이 모순을 해결하는 답은 하나밖에 없다. 8세기 단계에 出羽國은 上國이 아니라는 것이다. 즉 당시 出羽國은 中國이었다. 그래야만 '行'이 되기 때문이다. 생각해보면 10세기 초에 성립한『延喜式』의 규정을 8세기 단계에 그대로 적용하는 것은 무리였다. 지금까지는 사료가 없었기 때문에『延喜式』에 의지할 수밖에 없었지만 이 '상식'은 정정을 해야만 했다. 단지 2片의 단편이 그것을 가르쳐준 것이다.

## 지하의 正倉院文書

1978년 6월, 漆紙文書 발견에 대한 정식 기자발표가 행해진 때의 일이다. 이 기자발표에서는 坪井清足 씨, 伊東信雄 씨, 井上光貞 씨 등 宮城縣多賀城跡調査研究所의 지도위원 분들이 참석하였는데, 모임의 자리에서 은사이신 青木和夫 씨(현재 방송대학교수)가 漆紙文書를 '지하의 正倉院文書'라고 명명했다. 이 표현은 정말 잘 맞는 표현이다.

본서에서도 자주 인용한 것처럼 칠지문서는 正倉院文書와 성격이 공통된다. 게다가 보존된 성격도 닮았다. 즉, 正倉院文書로서 남겨진 諸國의 호적과 計帳 등 율령행정의 실태를 나타내는 중요한 장부는 휴지로 寫經所의 사무문서용지로 사용되어 우연히 남겨진 것이다. 그

의미로는 漆紙文書도 거의 같다고 할 수 있다. 漆의 종이덮개로 사용되었다는 단지 그것만으로 귀중한 고대 정보가 보존된 것이다.

지상의 正倉院文書는 막대한 분량을 자랑하지만 새로운 사료가 발견되는 일은 기대할 수 없다. 여기에 비해서 지하의 正倉院文書는 계속 그 양이 늘어나고 있다. 序章에서 말했던 것처럼 당초 平城京은 별도로 하여 東日本에 한정되어 있지만 지금은 전국에서 출토가 보도되어 신문지상을 떠들썩하게 한다. 지금까지의 사료로는 파악할 수 없었던 고대 일본의 실상이 명확해져 가고 있는 것이다. 지하에서 자고 있던 史料群이 계속 모습을 드러내고 현대로 되살아난다. 나는 그 생각만으로도 흥분을 금치 못한다.

# 저자후기

일찍이 '多賀城遺蹟 調査研究所' 시절의 동료였던 고고학연구자 桑原滋郎 씨(현재 宮城縣 敎育廳 文化財保護課長)가 최근 지역 신문에서 多賀城遺蹟 발굴 30주년을 기념하여 이에 관한 옛 이야기를 연재하였다. 본서 序章에서 기록한 것과 같이 漆紙文書 발견의 계기가 되었던 것은 桑原 씨가 단지 5㎝ 정도의 조그마한 유물 조각에서 문자를 발견해 낸 것으로 시작되었다. 桑原 씨가 漆紙를 발견할 때의 에피소드를 기록하여 다음과 같은 이야기를 공개하였다.

'平川 군은 근무시간만으로 만족해하지 않고 저녁 반주를 할 때에도 칠지문서 관련 자료를 옆에 두고 바라보았다. 언젠가, 착각하여 작은 1点을 젓가락으로 집어 하마터면 입에 넣을 뻔 했던 적도 있었다.'

나로서는 쥐구멍이라도 있으면 들어가고 싶은 기억이다. 그러한 일도 있었구나 라고 새삼스러운 기억을 떠올리면서 동시에 그 당시 정신없이 집중했던 내 자신을 새롭게 회상하는 추억의 한 단편이다.

말할 필요도 없이 본서에 수록한 漆紙文書 연구는, 발견 당초의 多賀城遺蹟 調査研究所의 동료로부터 시작하여 그 후 전국 각지의 발굴 관계자와의 공동조사에 기인한 것이다. 현재의 역사학 연구는,

고고학을 비롯하여 인접 諸科學과의 協業을 기반으로 다양한 연구방법을 사용하여 종래의 문헌사료뿐만 아니라, 考古 · 民俗 · 文學 등 여러 가지 분야의 자료를 유기적으로 관련시켜서 역사의 여러 모습을 그려나가야 한다. 나의 연구생활이 믿음직한 고고학 동료들과의 공동작업으로 시작된 것은 행복한 일이었다.

그리고 國立歷史民俗博物館으로 옮겨와 正倉院文書 복제 작업에 종사하는 기회를 얻어서 正倉院文書를 직접 실견할 수 있었던 것은, 더욱더 漆紙文書의 의의를 확신시키고 연구를 진행할 수 있는 큰 버팀목이 되었다.

지금 내가 있는 國立歷史民俗博物館은 각 대학의 대학원생이 많이 모여들어 조사연구를 함께 하고 있다. 본서에 수록한 漆紙文書의 접합 · 해독 · 사진촬영 · 복원 등의 여러 작업에는 그들의 조력이 컸다.

이와 같이 본서는 여러 사람들의 學恩에 의해서 또는 협력을 얻어서 만들어질 수 있었다. 감사의 말씀을 드리고 싶다.

漆紙文書가 발견되어 아직 20년도 지나지 않았지만 이미 600점 가까운 문서가 전국에서 발견되었다. 그 중에서 가장 주목할 만한 화제가 된 예는, 1994년 多賀城市 山王遺蹟에서 발견된 '計帳'인데 이에 대해서 언급해 보고자 한다.

그 計帳의 注記 부분에서 알 수 있었던 점은 원래 驛戶(역에 소속된 戶)가 아닌 戶의 남성이 서류상에서 빼내어져 驛戶로 지정되었음이 밝혀진 것이다. 驛家를 경영하기 위해서 驛戶를 필요에 의해서 증감시키고 있었던 것이다. 지금까지 고대사에서 중대한 논점이었던 호적제도의 編戶(호를 편성함)의 실태가 어떠했는지를 구체적으로 이야기할 수 있는 매우 중요한 발견이었다. 새로운 古代史像이 계속해서 판명되어가고 있는 셈이다.

독자 여러분이 본서를 읽고 새로운 역사학의 숨결을 조금이라도 느꼈다면 나의 소기의 목적은 달성될 것이다. 완전히 漆에 심취했던 내 자신은 앞으로도 漆과 오래도록 함께 할 것이다.

본서의 편집을 담당한 井上一夫 씨로부터는 전체적으로 적절한 조언을 얻었다. 다시 한 번 감사드린다. 또한 본서에 수록한 사진·그림에 대해서 협조해 주고 게재를 허가해 준 관계자 및 관계기관에 사의를 표한다.

1994년 7월

平 川  南

## 譯者後記

2008년, 羅州 伏岩里 古墳群(사적 제404호)과 바로 인접한 지점의 유적('1號 竪穴' 유구)에서 백제의 木簡 수십 점이 토기, 기와, 금동제 귀걸이, 제철 슬래그, 동물 뼈, 씨앗 등의 유물과 함께 발굴된 것은 실로 기적과도 같은 일이었다. 1,400년이 지나도록 온전하게 보존된 목간의 발견은, 榮山江을 젖줄삼아 독자적인 정치세력을 유지하고 있던 지역에 대한 역사복원의 서막을 알리는 打鐘이었다.

영산강 유역의 백제사에 대한 1차 사료의 최초 발견이라는 흥분은 필자가 2009년 7월 8일 日本 東北歷史博物館 수장고에서 처음으로 '칠지문서'의 진본을 실견하였을 때에 다시금 촉발되었다.

묵서가 있는 종이에 칠이 칠해져 온전하게 그 문서의 문자들이 보존되었다는 칠지문서. 우리나라 특히 백제로부터 문자와 각종 기술을 전수받았다는 일본에서는 1,000점 이상 발굴된 이러한 문서가 우리 강역에 남아있지 않을 리가 없다!

필자가 본서를 번역, 국내에 소개하고자 했던 경위는 위와 같다.

더하여, 본서 저자인 히라카와 미나미平川 南 선생의 견줄 수 없는 치열하고 엄정한 학문적 자세와 권위, 그에 대한 존경에서 비롯되었음은 두말할 나위가 없다.

본서는 필자가 재임 중이던 국립나주문화재연구소의 2010년도 신규사업인 '호남문화유산 비교연구 학술총서'로 기획되어 2009년 9월부터 시작되었다. 원서의 입수와 번역, 출판에 이르기까지 일본측 역자인 하시모토 시게루橋本 繁 박사의 공로가 지대하였음을 우선 밝힌다.

저자의 승낙과 저자서문 및 이와나미岩波書店과의 연결, 국립나주문화재연구소의 李恩仙 연구원과 橋本 繁의 初譯, 미카미 요시타카三上喜孝 교수의 譯註, 李成市 교수의 추천사와 監修 그리고 필자의 부분 번역과 최종 교정 및 潤文, 국립나주문화재연구소 金惠貞 연구사와 이은선의 실무 작업 등은 본서 출판의 주요 과정이다.

저자인 平川 南 선생과 추천사와 감수를 맡아주신 이성시 선생에 대한 소개는 새삼스러운 편이라고 생각하지만, 平川 南 선생은 일본 고대사 전공학자로 미야기현宮城縣 다가죠유적조사연구소多賀城遺蹟調査硏究所를 거쳐 1982년 이후 國立歷史民俗博物館('레키하쿠歷博')의 교수 겸 큐레이터로 재직하였으며 현재는 館長(야마나시현립박물관장山梨縣立博物館長 겸임)으로 재임 중이다. 국립역사민속박물관은 주지하듯이 세계적으로도 유례가 드문 역사, 고고, 미술, 민속, 보존과학 등 문화유산 분야의 종합적이고 권위있는 조사·연구·전시 기관이자 대학원 대학이다. 平川 南 선생은, 이성시 교수의 추천사에도 소개된 바와 같이, 지난 10여년 이래로 한국의 목간과 문자 자료에 대하여도 비상한 관심을 갖고 있으며 국내학계와 학자들에게 많은 교시를 주고 있다.

이성시 교수는 우리에게는 매우 친숙한 재일동포 출신 학자로서 와세다早稻田대학과 대학원 출신으로 요코하마橫浜 국립대학을 거쳐 현재 와세다 대학의 교수로 재임 중이며 동아시아 속에서의 한국고대사를 폭넓게 연구하는 저명학자이다.

한편, 한국의 독자 입장에서 譯註語를 선정, 상세하게 역주를 담당해 준 三上喜孝 교수는 平川 南 선생의 門徒 중 으뜸으로 꼽힐 정도로 탁월한 실력을 가진 일본고대사 전공의 소장학자인데, 2008년 말~2010년 초까지 한국에서 연구생활을 하여 한국고대사와 사료에 대한 지견을 넓히기도 하였다. 三上喜孝 교수는 본서의 번역 작업이 진행될 즈음인 2009년 12월 호남고고학회의 제7회 유적발표회에서 칠지문서에 대한 특별강연을 맡아 국내 처음으로 칠지문서를 소개한 바 있다.

橋本 繁 박사는 게이오慶應 대학을 거쳐 와세다대 대학원 이성시 교수의 제자이자 현재 일본학술진흥재단의 특별연구원이며 와세다 대학 강사로서 한국의 목간에 대한 새로운 논문을 집중적으로 발표하고 있어 촉망되는 '한국통' 학자이다.

본서는 고고학, 역사학, 보존과학 등 여러 학문분야에서 고루 읽혀

지기를 기대하지만, 특히 현장에서 발굴에 참여하는 고고학도들에게 필독서가 되었으면 하고 바란다. 저자도 누누이 강조하였지만, 발굴 현장에서의 세심한 주의와 관찰력 그리고 발굴 이후의 지속적 관심은 우리 강토에서 칠지문서 찾기의 첫 번째 관문인 셈이다. 특히 저습지와 같은 칠기 유물의 보존환경이 양호한 유적의 발굴에서는 각 유구와 유물에 대하여 괄목상대하여야 할 것으로 여긴다.

부디 본서의 출간으로 인해 한국에서의 칠지문서 확인이 하루라도 더 앞당겨지고 온전한 보존이 이루어지기를 기대한다.

이 책이 한국에서 번역서로 출간할 수 있도록 허락해 주시고 한국어판 서문까지 보내주신 저자 平川 南 선생, 바쁘신 중에도 추천의 글과 감수를 맡아주신 이성시 교수 및 관계자 여러분께 감사드린다.


2010년 11월
譯者를 대표하여 金聖範 씀.

## ≪고유명사 표기≫

### 서장 : 땅속에 묻혀 있는 정보 -칠지문서발견 전말기-

송전권육(松田權六, 마쓰다 곤로쿠 まつだごんろく)
승문시대(繩文時代, 죠몬지다이 じょうもんじだい)
정창원문서(正倉院文書, 쇼소잉몬죠 しょうそういんもんじょ)
다하성(多賀城, 다가죠 たがじょう)
궁성현(宮城縣, 미야기켄 みやぎけん)
다하성시(多賀城市, 다가죠시 たがじょうし)
육오국(陸奧國, 무츠노쿠니 むつのくに)
국부(國府, 고쿠후 こくふ)
진수부(鎭守府, 진쥬후 ちんじゅふ)
단택성(胆澤城, 이사와죠 いさわじょう)
선대평야(仙台平野, 센다이헤야 せんだいへいや)
정청(政廳, 세이쵸 せいちょう)
속일본기(續日本紀, 쇼쿠니혼키 しょくにほんぎ)
보구(寶龜, 호키 ほうき)
하이(蝦夷, 에미시 えみし)
계장(計帳, 게이쵸 けいちょう)
토사기(土師器, 하지키 はじき)
계장역명(計帳歷名, 케이쵸레키메이 けいちょうれきめい)
상원자랑(桑原滋郎, 구와하라 시게오 くわはらしげお)
하북신보(河北新報, 가호쿠신포 かほくしんぽう)
녹자(鹿の子, 가노코 かのこ)
자성현(茨城縣, 이바라키켄 いばらきけん)
성강시(石岡市, 이시오카시 いしおかし)
암수현(岩手縣, 이와테켄 いわてけん)
수택시(水澤市, 미즈사와시 みずさわし)
추전성터(秋田城跡, 아키타죠아토 あきたじょうあと)
추전현(秋田縣, 아키타켄 あきたけん)
추전시(秋田市, 아키타시 あきたし)
일광(日光, 닛코 にっこう)
양명문(陽明門, 요메이몬 ようめいもん)

## 1. 고대사 속의 옻칠

회목(栃木, 도지기 とちぎ)

하모야국(下毛野國, 시모츠케노쿠니 しもつけのくに)

군마(群馬, 군마 ぐんま)

상모야국(上毛野國, 가미츠케노쿠니 かみつけのくに)

양모선(兩毛線, 료모센 りょうもうせん)

좌야역(佐野驛, 사노에키 さのえき)

적견(赤見, 아카미 あかみ)

출류원변천지(出流原弁天池, 이즈루하라벤텐이케 いずるはらべんてんいけ)

기산(磯山, 이소야마 いそやま)

후산(後山, 우시로야마 うしろやま)

조일장자(朝日長者, 아사히 쵸쟈 あさひちょうじゃ)

산형현(山形縣, 야마가타켄 やまがたけん)

치사(置賜, 오키타마 おきたま)

견전촌(犬川村, 이누카와무라 いぬかわむら)

대자하소송(大字下小松, 오아자시모코마츠 おおあざしもこまつ)

동치사군(東置賜郡, 히가시오키타마군 ひがしおきたまぐん)

천서정(川西町, 가와니시마치 かわにしまち)

천송사(千松寺, 센쇼지 せんしょうじ)

원의가(源義家, 미나모토노 요시이에 みなもとのよしいえ)

천송군(千松君, 센쇼쿤 せんしょくん)

보제사(菩提寺, 보다이지, ぼだいじ)

묘법니(妙法尼, 묘호니 みょうほうに)

인왕당(仁王堂, 니오도 におうどう)

위모(葦毛, 아시게 あしげ)

도근현(島根縣, 시마네켄 しまねけん)

능의군(能義郡, 노기군 のぎぐん)

포부하원(布部河原, 누노베가와라 ぬのべがわら)

선북군(仙北郡, 센보쿠군 せんぼくぐん)

각관정(角館町, 가쿠노다테마치 かくのだてまち)

적연(赤淵, 아카부치 あかぶち)

미장국수(尾張國守, 오와리쿠니노카미 おわりくにのかみ)

등원원명(藤原元命, 후지와라노모토나가 ふじわらのもとなが)

장인소(蔵人所, 구로도도코로 くろうどどころ)
월국(越國, 고시노쿠니 こしのくに)
단파(丹波, 단바 たんば)
인번(因幡, 이나바 いなば)
상야국(上野國, 코즈케노쿠니 こうずけのくに)
실정시대(室町時代, 무로마치지다이 むろまちじだい)
약협(若狭, 와카사 わかさ)
월중(越中, 엣츄 えっちゅう)
석정길차랑(石井吉次郎, 이시이 키치지로 いしいきちじろう)
일호청방(一戸淸方, 이치노헤 요타카 いちのへきよたか)
월후암선(越後岩船, 에치고이와후네 えちごいわふね)
신석현(新潟縣, 니가타켄 にいがたけん)
암선군(岩船郡, 이와후네군 いわふねぐん)
조일촌(朝日村, 아사히무라 あさひむら)
상륙나하(常陸那珂, 히타치나카 ひたちなか)
구지군(久慈郡, 구지군 くじぐん)
태자정(大子町, 다이고마치 だいごまち)
육오이호(陸奥二戸, 무츠니노헤 むつにのへ)
이호군(二戸郡, 니노헤쿤 にのへくん)
쟁법사정(淨法寺町, 죠보지마치 じょうぼうじまち)
석산사(石山寺, 이시야마데라 いしやまでら)
천평보자(天平寶字, 덴표호지 てんぴょうほうじ)
법화사(法華寺, 훗케지 ほっけじ)
근강국(近江國, 오우미노쿠니 おうみのくに)
회피즙불당(檜皮葺佛堂, 히와다부키부츠도 ひわだぶきぶつどう)
보량궁행행(保良宮行幸, 호라노미야교코 ほらのみやぎょうこう)
안도웅족(安都雄足, 아토노 오타리 あとのおたり)
조동대사사(造東大寺司, 죠토다이지시 ぞうとうだいじし)
주전(主典, 사칸 さかん)
소별당(所別當, 도코로베츠토 ところべっとう)
평성경(平城京, 헤이죠쿄 へいじょうきょう)
동서시(東西市, 도자이이치 とうざいいち)
뢰전당교(瀬田唐橋, 세타노 카리하시 せたのからはし)
여건(如件, 구단노고토시 くだんのごとし)

육오전칠(陸奧殿漆, 무츠도노노우루시 むつどののうるし)
육오수(陸奧守, 무츠노카미 むつのかみ)
내량(奈良, 나라 なら)
국수(國守, 구니노카미 くにのかみ)
등원조신조갈(藤原朝臣朝獦, 후지와라노 아손 아사가리 ふじわらのあそんあさかり)
전중조신다태마려(田中朝臣多太麻呂, 다나카노 아손 다다마로 たなかのあそんただまろ)
등원중마려(藤原仲麻呂, 후지와라노 나카마로 ふじわらのなかまろ)
천평승보(天平勝寶, 덴표소호 てんぴょうしょうほう)
성무천황(聖武天皇, 쇼무텐노 しょうむてんのう)
아배황녀(阿倍皇女, 아베노코죠 あべのこうじょ)
효겸천황(孝謙天皇, 고켄텐노 こうけんてんのう)
대납언(大納言, 다이나곤 だいなごん)
자미중태(紫微中台, 시비츄다이 しびちゅうだい)
광명황태후(光明皇太后, 고묘코타이고 こうみょうこうたいごう)
좌대신(左大臣, 사다이진 さだいじん)
귤제형(橘諸兄, 타치바나노 모로에 たちばなのもろえ)
전촌제(田村第, 다무라다이 たむらだい)
진의(眞依, 마요리 まより)
속전제자(粟田諸姉, 아와타노 모로네 あわたのもろね)
대취왕(大炊王, 오이오 おおいおう)
순인천황(淳仁天皇, 쥰닌텐노 じゅんにんてんのう)
내량마려(奈良麻呂, 나라마로 ならまろ)
병부경(兵部卿, 효부쿄 ひょうぶきょう)
우대변(右大弁, 우다이벤 うだいべん)
대반고마려(大伴古麻呂, 오토모노 고마로 おおとものこまろ)
안찰사(按察使, 아제치 あぜち)
진수장군(鎭守將軍 진쥬쇼군 ちんじゅしょうぐん)
난파(難波, 나니와 なにわ)
좌백전성(佐伯全成, 사에키노 마타나리 さえきのまたなり)
장옥왕(長屋王, 나가야오 ながやおう)
황문왕(黃文王, 기부미오 きぶみおう)
풍성(豊成, 도요나리 とよなり)
소야동인(小野東人, 오노노 아즈마히토 おののあずまひと)
도서료(圖書寮, 즈쇼료 ずしょりょう)

태정관(太政官, 다죠칸 だじょうかん)
안숙왕(安宿王, 아소카베노오키미 あすかべおう)
다치비독양(多治比犢養, 다지히노 코우시카이 たじひのこうしかい)
다치비례마려(多治比礼麻呂, 다지히노 이야마로 たじひのいやまろ)
대반지주(大伴池主, 오토모노 이케누시 おおとものいけぬし)
다치비응주(多治比鷹主, 다지히노 타카누시 たじひのたかぬし)
대반형인(大伴兄人, 오토모노 에히토 おおとものえひと)
천평(天平, 덴표 てんぴょう)
무지마려(武智麻呂, 무치마로 むちまろ)
화동(和銅, 와도 わどう)
영구(靈龜, 레이키 れいき)
근강국수(近江國守, 우오미노쿠니노카미 おうみのくにのかみ)
태호(太保, 다이호 たいほ)
불비등(不比等, 후히토 ふひと)
담해공(淡海公, 오우미코 おうみこう)
어순(御楯, 미타테 みたて)
동해(東海, 도카이 とうかい)
동산(東山, 도산 とうさん)
북륙(北陸, 호쿠리쿠 ほくりく)
천정(浅井, 아자이 あざい)
고도(高嶋, 다카시마 たかしま)
북목야(北牧野, 기타마치노 きたまきの)
대불전원(大佛殿院, 다이부츠도노잉 だいぶつでんいん)

## 2. 칠지문서의 형태와 남은 이유

곡물(曲物, 마게모노 まげもの)
금택시(金澤市, 가나자와시 かなざわし)
금택신항(金澤新港, 가나자와신코 かなざわしんこう)
호수C유적(戶水C遺跡, 도미즈C이세키 とみずCいせき)
산왕유적(山王遺跡, 산노이세키 さんのういせき)
가상(嘉祥, 가쇼 かしょう)
구주력(具注曆, 구츄레키 ぐちゅうれき)
주정(主政, 슈세이 しゅせい)

반성군사(磐城郡司, 이와키군지 いわきぐんじ)
해문(解文, 게부미 げぶみ)
군사(郡司, 군지 ぐんじ)
대령(大領, 다이료 だいりょう)
소령(小領, 쇼료 しょうりょう)
주장(主帳, 슈쵸 しゅちょう)
동야치지(東野治之, 도노 하루유키 とうのはるゆき)

## 3. 교과서와 달력

성강시(盛岡市, 모리오카시 もりおかし)
성강(盛岡, 모리오카 もりおか)
상야(上野, 우에노 うえの)
신전(神田, 간다 かんだ)
경도부(京都府, 교토후 きょうとふ)
삼천원(三千院, 산젠잉 さんぜんいん)
건치(建治, 겐지 けんじ)
추고천황(推古天皇, 스이코텐노 すいことてんのう)
성덕태자(聖德太子, 쇼토쿠타이시 しょうとくたいし)
애지현(愛知縣, 아이치켄 あいちけん)
원투신사(猿投神社, 사나게진자 さなげじんじゃ)
건구(建久, 겐큐 けんきゅう)
인치(仁治, 닌지 にんじ)
병고현(兵庫縣, 효고켄 ひょうごけん)
무전장병위(武田長兵衛, 다케다 쵸베 たけだちょうべえ)
겸창시대(鎌倉時代, 가마쿠라지다이 かまくらじだい)
연력(延曆, 엔랴쿠 えんりゃく)
청화천황(清和天皇, 세이와텐노 せいわてんのう)
정관(貞觀, 죠간 じょうがん)
대전(大典, 다이텐 たいてん)
대학료(大學寮, 다이가쿠료 だいがくりょう)
임수일(林秀一, 하야시 히데이치 はやしひでいち)
국박사(國博士, 구니하카세 くにはかせ)
대포B유적(大浦B遺跡, 오우라B이세키 おおうらBいせき)

음양료(陰陽寮, 온묘료 おんみょうりょう)

국분사(國分寺, 고쿠분지 こくぶんじ)

미택시(米澤市, 요네자와시 よねざわし)

무장태(武藏台, 무사시다이 むさしだい)

국분니사(國分尼寺, 고쿠분니지 こくぶんにじ)

동경도(東京都, 도쿄토 とうきょうと)

부중시(府中市, 후츄시 ふちゅうし)

다마(多摩, 다마 たま)

국화(國華, 곳카 こっか)

정강현(静岡縣, 시즈오카켄 しずおかけん)

성산유적(城山遺跡, 시로야마이세키 しろやまいせき)

신구(神龜, 진키 じんき)

의봉력(儀鳳曆, 기호레키 ぎほうれき)

대연력(大衍曆, 다이엔레키 だいえんれき)

관화(寬和, 간나 かんな)

선명력(宣明曆, 센묘레키 せんみょうれき)

천은일(天恩日, 덴온니치 てんおんにち)

천사일(天赦日, 덴샤니치 てんしゃにち)

귀기일(歸忌日, 기코니치 きこにち)

왕망일(往亡日, 오모니치 おうもうにち)

흉회일(凶會日, 구에니치 くえにち)

천은(天恩, 덴온 てんおん)

염대일(厭對日, 엔타이니치 えんたいにち)

혈기일(血忌日, 치이미비 ちいむにち)

모창일(母倉日, 보소니치 ぼそうにち)

구감일(九坎日, 규칸니치 きゅうかんにち)

승화(承和, 죠와 じょうわ)

천평신호(天平神護, 덴표진고 てんぴょうじんご)

신좌군(新座郡, 니자군 にいざぐん)

성무태상천황(聖武太上天皇, 쇼무타이죠텐노 しょうむたいじょうてんのう)

고려조신복신(高麗朝臣福信, 고마노 아손 후쿠신 こまのあそんふくしん)

평안시대(平安時代, 헤이안지다이 へいあんじだい)

우대신(右大臣, 우다이진 うだいじん)

등원사보(藤原師輔, 후지와라노 모로스케 ふじわらのもろすけ)

속성(屬星, 조쿠세이 ぞくせい)
음양도(陰陽道, 온묘도 おんみょうどう)
판상전촌마려(坂上田村麻呂, 사카노우에노 타무라마로 さかのうえのたむらまろ)
관백(關白, 감파쿠 かんぱく)
등원사실(藤原史實, 후지와라노 타다자네 ふじわらのただざね)
보원(保元, 호겐 ほうげん)
등원뢰장(藤原賴長, 후지와라노 요리나가 ふじわらのよりなが)
등원도장(藤原道長, 후지와라노 미치나가 ふじわらのみちなが)
미장왕(尾張王, 오와리오 おわりおう)
하내군(河內郡, 가와치군 かわちぐん)
고시향(古市鄕, 후루이치고 ふるいちごう)

## 4. 일상생활을 말해 주는 문서

녹자C유적(鹿の子C遺跡, 가노코C이세키 かのこCいせき)
역인(役人, 야쿠닝 やくにん)
출우(出羽, 데와 でわ)
죽전계의(竹田繼依, 다케다 츠구요리 たけだつぐより)
강호시대(江戸時代, 에도지다이 えどじだい)
송미파초(松尾芭蕉, 마츠오 바쇼 まつおばしょう)
상석(象潟, 기사카타 きさかた)
유리군(由利郡, 유리군 ゆりぐん)
상석정(象潟町, 기사카타마치 きさかたまち)
감(蚶, 기사 きさ)
국사(國使, 고쿠시 こくし)
상서(上書, 우와가키 うわがき)
개어관(介御館, 스케노온타치 すけのおんたち)
개(介, 스케 すけ)
장강경(長岡京, 나가오카쿄 ながおかきょう)
고지찰(告知札, 고쿠치사츠 こくちさつ)
자명(字名, 아자나 あざな)
절봉(切封, 기리후 きりふう)
봉니(封泥, 후데이 ふうでい)
도(都, 미야코 みやこ)

목찰(木札, 기후다 きふだ)
역자(驛子, 에키시 えきし)
역사(驛使, 에키시 えきし)
종자(從者, 쥬샤 じゅうしゃ)
기옥현(埼玉縣, 사이타마켄 さいたまけん)
소택시(所澤市, 도코로자와시 ところざわし)
동상유적(東の上遺跡, 아즈마노우에이세키 あずまのうえいせき)
빈송시(浜松市, 하마마츠시 はままつし 하마마츠시)
이장유적(伊場遺跡, 이바이세키 いばいせき)
내량시(奈良市, 나라시 ならし)
회마(繪馬, 에마 えま)
동산도(東山道, 도산도 とうさんどう)
천월시(川越市, 가와고에시 かわごえし)
팔번전(八幡前, 하치만마에 はちまんまえ
약궁(若宮, 와카미야 わかみや)
무장국(武藏國, 무사시노쿠니 むさしのくに)
준하(駿河, 스루가 するが)
갑비(甲斐, 가이 かい)
판동(坂東, 반도 ばんどう)
고려군(高麗郡, 고마군 こまぐん)
일고시(日高市, 히다카시 ひだかし)
고려천(高麗川, 고마가와 こまがわ)
약광(若光, 쟛코 じゃっこう)
고려신사(高麗神社, 고마진자 こまじんじゃ)
신라군(新羅郡, 시라기군 しらぎぐん)
출우책(出羽柵, 데와노키 でわのき)
추전촌(秋田村, 아키타무라 あきたむら)
소도헌지(小島憲之, 고지마 노리유키 こじまのりゆき)
평천(平川, 히라카와 ひらかわ)
역소(役所, 야쿠쇼 やくしょ)
상륙국(常陸國, 히타치노쿠니 ひたちのくに)
구자군(久慈郡, 구지군 くじぐん)
군역소(郡役所, 군야쿠쇼 ぐんやくしょ)
사자옥(寺子屋, 데라코야 てらこや)

련와(煉瓦, 렌가 れんが)

오우(奧羽, 오우 おうう)

기석천(碁石川, 고이시가와 ごいしがわ)

부방댐(釜房ダム, 가마후사다무 かまふさダム

시전군(柴田郡, 시바타군 しばたぐん)

천기정(川崎町, 가와사키마치 かわさきまち)

하와유적(下窪遺跡, 시타쿠보이세키 したくぼいせき)

수혜기(須惠器, 스에키 すえき)

만엽집(萬葉集, 만요슈ま まんようしゅう)

산박사(算博士, 산하카세 さんはかせ)

산생(算生, 산쇼 さんしょう)

등원궁(藤原宮, 후지와라큐 ふじわらきゅう)

원위헌(源爲憲, 미나모토노 타메노리 みなもとのためのり)

천록(天祿, 덴로쿠 てんろく)

등원위광(藤原爲光, 후지와라노 타메미츠 ふじわらのためみつ)

송웅군(松雄君, 마쓰오노키미 まつおのきみ)

공가(公家, 구게 くげ)

구유(口遊, 구치즈사미 くちずさみ)

원흥사(元興寺, 간고지 がんごうじ)

극락방(極樂坊, 고쿠라쿠보 ごくらくぼう)

물기찰(物忌札, 모노이미후타 ものいみふだ)

응영(應永, 오에이 おうえい)

화전췌(和田萃, 와다 아츠므 わだあつむ)

가명문서(假名文書, 가나몬죠 かなもんじょ)

대전(大畑, 오하타 おおはた)

평가명(平假名, 히라가나 ひらがな)

변체가명(變體假名, 헨타이가나 へんたいがな)

만엽가명(萬葉假名, 만요가나 まんようがな)

가명문자(假名文字, 가나모지 かなもじ)

축도유(築島裕, 쓰키시마 히로시 つきしまひろし)

찬기국호적(讚岐國戶籍, 사누키노쿠니코세키 さぬきのくにこせき)

동국(東國, 도고쿠 とうごく)

## 5. 군단과 병사를 둘러싸고

상총국(上総國, 가즈사노쿠니 かずさのくに)
형부도마려(刑部稻麻呂, 아사카베노 이나마로 おさかべのいなまろ)
경사(經師, 교지 きょうじ)
사경생(寫經生, 샤쿄세이 しゃきょうせい)
정이대장군(征夷大將軍, 세이다이쇼군 せいいたいしょうぐん)
병사역명부(兵士歷命簿, 헤이시레키메이보 へいしれきめいぼ)
군의(軍毅, 군키 ぐんき)
대의(大毅, 다이키 だいき)
소의(小毅, 쇼키 しょうき)
여사(旅師, 료스이 りょすい)
대정(隊正, 다이세이 たいせい)
화(火, 카 か)
정정(正丁, 세테이 せいてい)
축전국(筑前國, 치쿠젠노쿠니 ちくぜんのくに)
원하단인(遠賀團印, 온가단인 おんがだんいん)
어립단인(御笠團印, 미카사단인 みかさだんいん)
백하군단(白河軍團, 시라카와군단 しらかわぐんだん)
화장(火長, 가쵸 かちょう)
안적군단(安積軍團, 아사카군단 あさかぐんだん)
회진군(會津郡, 아이즈군 あいづぐん)
복조현(福島縣, 후쿠시마켄 ふくしまけん)
회진(會津, 아이즈 あいづ)
옥전관(玉前關, 다마사키세키 たまさきせき)
옥전(玉前, 다마사키 たまさき)
암소시(岩沼市, 이와누마시 いわぬまし)
남장곡(南長谷, 미나미하세 みなみはせ)
옥기(玉崎, 다마사키 たまさき)
동북본선(東北本線, 도호쿠혼센 とうほくほんせん)
상반선(常磐線, 조반센 じょうばんせん)
관(關, 세키 せき)
행방단(行方團, 나메카타단 なめかただん)
공량(公粮, 고로 こうろう)

상마(相馬, 소마 そうま)

옥조(玉造, 다마츠쿠리 たまつくり)

의대의(擬大毅, 기다이키 ぎたいき)

지태군(志太郡, 시타군 したぐん)

명취군(名取郡, 나토리군 なとりぐん)

국다(菊多, 기쿠타 きくた)

왈리군(曰理郡, 와타리군 わたりぐん)

흑천(黑川, 구로카와 くろかわ)

모록군(牡鹿郡, 오시카군 おしかぐん)

소전단(小田團, 오다단 おだだん)

반성단(磐城團, 이와키단 いわきだん)

의전향(衣前鄕, 기누사키고 きぬさきごう)

구의향(駒椅鄕, 고마하시고 こまはしごう)

저성향(瀦城鄕, 누마키고 ぬまきごう)

고의향(高椅鄕, 다카하시고 たかはしごう)

아무외천(阿武隈川, 아부쿠마가와 あぶくまがわ)

호번(戶番, 고방 こばん)

장부견마(丈部犬麿, 하세츠카베노 이누마로 はせつかべのいぬまろ)

여호리(余戶里, 아마루베노사토 あまるべのさと)

산상억량(山上憶良, 야마노우에노 오쿠라 やまのうえのおくら)

빈궁문답가(貧窮問答歌, 힌큐몬도카 ひんきゅうもんどうか)

대보(大寶, 다이호 たいほう)

수소(戍所, 쥬쇼 じゅしょ)

번상(番上, 반죠 ばんじょう)

건사(健士, 겐시 けんし)

반부광근(伴部廣根, 도모베노 히로네 ともべのひろね)

종하부도량마(宗何部刀良麿, 소가베노 도라마로 そがべのとらまろ)

모록련씨승(牡鹿連氏繩, 오시카노무라지우지나와 おしかのむらじうじなわ)

홍인(弘仁, 고닌 こうにん)

당번병(當番兵, 도방헤이 とうばんへい)

사경(寫經, 샤쿄 しゃきょう)

공출(供出, 교슈츠 きょうしゅつ)

반도제국(坂東諸國, 반도쇼코쿠 ばんどうしょこく)

상모(相模, 사가미 さがみ)

상총(上總, 가즈사 かずさ)
하총(下總, 시모우사 しもうさ)
안방(安房, 아와 あわ)
상륙(常陸, 히타치 ひたち)
무장(武藏, 무사시 むさし)
상야(上野, 고즈케 こうずけ)
하야(下野, 시모츠케 しもつけ)
북육도(北陸道, 홋쿠리쿠도 ほくりくどう)
월전(越前, 에치젠 えちぜん)
월후(越後, 에치고 えちご)
좌도(佐渡, 사도 さど)
노등(能登, 노토 のと)
방인(防人, 사키모리 さきもり)
겸(鉗, 가나키 かなきやっとこ)
현(弦, 츠루 つる)
호록(胡籙, 야나구이 やなぐい)
전(箭, 야 や)
정전(征箭, 소야 そや)
경건(脛巾, 게이킹 けいきん)
각반(脚絆, 갸한 きゃはん)
병(鞆, 도모 とも)
좌백숙녜갈성(佐伯宿禰葛城, 사에키노 스쿠네 가츠라기 さえきのすくねかつらぎ)
동해도(東海道, 도카이도 とうかいどう)
기조신즙장(紀朝臣楫長, 키노 아손 카지나가 きのあそんかじなが)
신농(信濃, 시나노 しなの)
이치자마려(伊治呰麻呂, 고레하루노 아자마로 これはるのあざまろ)
지파촌(志波村, 시와무라 しわむら)
산도(山道, 야마미치 やまみち)
고천시(古川市, 후루카와시 ふるかわし)
각별성(覺鱉城, 가쿠베츠죠 かくべつじょう)
기광순(紀廣純, 기노히로즈미 きのひろずみ)
도도대순(道嶋大楯, 미치시마노오타테 みちしまのおおたて)
이부(夷俘, 이후 いふ)
이치성(伊治城, 이지죠 いじじょう)

정전(正殿, 세이덴 せいでん)
이치(伊治, 이지 いじ)
신호경운(神護景雲, 진고케이운 じんごけいうん)
율원군(栗原郡, 구리하라군 くりはらぐん)
공경(公卿, 구교 くぎょう)
공경보임(公卿補任, 구교부닌 くぎょうぶにん)
소목(少目, 쇼사칸 しょうさかん)
태정관(太政官, 다이죠칸 だいじょうかん)
수(守, 가미 かみ)
판상광야판상광야(坂上廣野, 사카노우에노 히로노 さかのうえのひろの)
증종2위(贈從二位, 조슈니이 ぞうじゅにい)
전촌마려(田村麻呂, 다무라마로 たむらまろ)
우병위좌(右兵衛佐, 유효에노스케 うひょうえのすけ)
우위문좌(右衛門佐, 우에몬노스케 うえもんのすけ)
우근위소장(右近衛小將, 우콘에고쇼 うこんえこしょう)
이세수(伊勢守, 이세노카미 いせのかみ)
우병위독(右兵衛督, 우효에노카미 うひょうえのかみ)
천장(天長, 덴쵸 てんちょう)
등원삼수(藤原三守, 후지와라노 타다모리 ふじわらのただもり)
소야봉수(小野峯守, 오노노 미네모리 おののみねもり)
반승웅(伴勝雄, 반노 가츠오 ばんのかつお)
석웅(石雄, 이와오 いわお)
육오개(陸奧介, 무츠노스케 むつのすけ)
청야(淸野, 기요노 きよの)
소야석웅(小野石雄, 오노노 이와오 おののいわお)
소야영견(小野永見, 오노노 나가미 おののながみ)
소야황(小野篁, 오노노 다카무라 おののたかむら)
춘지(春枝, 하루에 はるえ)
대반가지(大伴家持, 오토모노 야카모치 おおとものやかもち)
룡마려(竜麻呂, 다츠마로 たつまろ)

## 6. 주민파악 시스템

수실(手實, 슈지츠 しゅじつ)
산배국(山背國, 야마시로노쿠니 やましろのくに)
좌경(좌경, 사쿄 さきょう)
월전국(越前國, 에치젠노쿠니 えちぜんのくに)
아파국계장(阿波國計帳, 아와노쿠니케이쵸 あわのくにけいちょう)
단파사길비마려(但波史吉備麻呂, 단바노 후히토키 비마로 たんばのふひときびまろ)
대장식(大帳式, 다이쵸시키 だいちょうしき)
정상향(井上鄕, 이노우에고 いのうえごう)
출우국 출우군(出羽國 出羽郡 데와노쿠니 이데와군 でわのくに いではぐん)
호구손익장(戶口損益帳, 고코손에키쵸 ここうそんえきちょう)
안준남(岸俊男, 기시 토시오 きしとしお)
군상리(郡上里, 구죠리 ぐじょうり)
아좌마려(阿佐麻呂, 아사 마로 あさまろ)
로사나불(盧舍那佛, 루샤나부츠 るしゃなぶつ)
상계관인역명(上階官人歷名, 죠카이칸진레키메이 じょうかいかんじんんれきめい)
궁내경(宮內卿, 구나이쿄 くないきょう)
찬기국(讚岐國, 사누키노쿠니 さぬきのくに)
미귀군(美貴郡, 미키군 みきぐん)
장관(長官, 가미 かみ)
전중광충녀(田中廣虫女, 다나카노 히로무시메 たなかのひろむしめ)
만엽가인(萬葉歌人 만요카진 まんようかじん)
가(歌, 우타 うた)
행전시(行田市, 교다시 ぎょうだし)
소부전유적(小敷田遺跡, 고시키다이세키 こしきだいせき)
검전장(檢田帳, 겐덴쵸 けんでんちょう)
흥복사(弘福寺, 고후쿠지 こうふくじ)
등연리(藤渕里, 후지부치리 ふじぶちり)
포구양리(布久良里, 후쿠라리 ふくらり)
감적(勘籍, 간쟈쿠 かんじゃく)
택전오일(澤田吾一, 사와다 고이치 さわだごいち)
고상(高商, 고쇼 こうしょう)
미생시대(弥生時代, 야요이지다이 やよいじだい)

겸전원일(鎌田元一, 가마다 모토카즈 かまだもとかず)
신호(神戶, 간베 かんべ)
봉호(封戶, 후코 ふこ)
관호(官戶, 간코 かんこ)

**終章 : 지하의 正倉院文書**

승전철(勝田徹, 가츠타 토오루 かつたとおる)
도생성(桃生城, 모노우죠 ものうじょう)
웅승성(雄勝城, 오카치노키 おかちのき)
평정청족(坪井清足, 츠보이 키요타리 つぼいきよたり)
이동신웅(伊東信雄, 이토 노부오 いとうのぶお)
정상광정(井上光貞, 이노우에 미츠사다 いのうえみつさだ)
청목화부(青木和夫, 아오키 카즈오 あおきかずお)